浮世に言い忘れたこと

EnsHo SAnyuTei

三遊亭圓生

P+D BOOKS
小学館

目次

寄席こしかた

風狂の芸人たち

人情浮世床

乞食になっても

基本をしっかり叩き込み、その上に自分なりのものを築き上げなければ一人前にはなれない、というのは、何をやっても同じだろうと思いますが、われわれのように芸なんぞをやりますには、もう一つ、あんまり利口じゃ駄目だってえことがいえますね。よく「芸人馬鹿」なんてことをいいますが、馬鹿でなければいけない。もちろん、てんからの薄馬鹿じゃ困ります。「あいつ程の馬鹿は……」って言うときの、その馬鹿さ加減がむずかしいんですが……。

こういう言い方はおかしいかも知れませんが、最近は本当の馬鹿が少なくなりましたですな。どちらを見ても、どうも小利口なやつばかり多くって、つまり、いまの若い人はおあしのことばかり先に言ってね、銭《ぜに》を取ることを先ず先に考える。じゃあ、お前達はどうなんだって言われると、あたくしどもも若いときはやっぱり貧乏してましたから、早くお銭《あし》を取りたいと思いましたよ。そりゃあね、誰だって同じで、金は欲しい。

でも、あたくしなんざ「金が欲しい」なんてことを言うと、こっぴどく叱られたもんです。「金なんてものは、芸が出来りゃ、黙ってても向こうから払ってくれる。そんな拙い芸で銭を取ろうったって、無理だ」言下にそう言われた。

なるほど、そうなんですよ。「拙い芸を金出してまで誰が聞くものか。だから、金が欲しいと思ったら一生懸命勉強しろ」とこう言う。当たり前すぎる程、当たり前なんです。

ところが、いまの若い人は、そういうことを言うと怒るんですよ。

「芸なんぞべつにうまくならなくったって」てんで、手っとり早い僥倖《ぎょうこう》ばかり狙って、コツコツという感じの本当の勉強をしようとしない。そんなことは面倒くさいんでしょうな。何やってもいいから、とにかく銭を取ることを狙う。「銭さえ取ったら、それから後に、ゆっくりと勉強が出来る」という考えなんですな。

あたくしなんかも、やっぱり若いときはそう考えました。どうしてこんなに貧乏しているのか、そりゃいやだったですよ、貧乏が。金が出来て、もう少し楽になったら、もうちっとましなところへ行けるだろうし、後顧の憂いもなく勉強も出来るし、うまくもなれるんだ。そう思ったものです。ところが、現実には金が取れない。しかし、よく考えてみたら、金を取れないほうがいいんです。

何故かってえと、貧乏してるといやでも芸をおぼえるからです。現実に金がなけりゃ、結局、どうしようもない。勉強して、何とかなるよりしようがないから、それでやむを得ず勉強をする。

つまり、芸なんてのは、猿にものを仕込むのと同じなんです。

餌を先に食わしちゃうとね、腹がくちくなっちゃあね、猿は芸をおぼえませんよ。腹を減らしてるところへ餌を見せて、ほら、芸をおぼえりゃこれをやるよ、ってえから、餌を食いたい一心で、一生懸命に芸をおぼえるんですよ。一つ、芸をおぼえたところで餌をくれる。そうすると、また餌を見せられて、せっせとほかの芸をおぼえてゆく。人間だって猿だって、やっぱり同じなんですよ。

貧乏はもういやだ。何とかして、もう少し楽になりたい、金が取れるようになりたいと思うから、つまり餌が欲しいから、一生懸命に芸をおぼえるんです。こういうことは、単純に考えたほうがよくわかるんですが、若い、小利口な人にはわらわれるかも知れません。

まあ芸人馬鹿という言葉じたい、もうなくなりつつありますよ。

あるとき、ある若い噺家が、

「師匠、あたしは、早く偉くなりたい」

と言うから、

「だけどもね、お前さん、早く偉くなりたいったってね、やはり、ものごとというのは、順に積み重ねていかないと困るよ」

と言ってやった。するとどうです、

「師匠の言う芸というのは、下からだんだんに積み重ねてゆく、いわば頂上をきわめるのに、一段一段、階段を下から上がっていくようなものなんでしょう？」

「そうだよ」

「あたしは頂上へ行くのに、そんなことはしないで、エレベーターで上がるように、すうっと、一気に上がりたいんです。一度上がってしまえば、たとえ悪くなっても、下がるときには、徐々にしか下がらない。そのほうが得でしょう」

とこう言う。

一度得た地位を維持出来なくてもいいから、ともかくパーッと上がって、早くお銭《あし》を取りたいと言うんです。合理的といえば合理的。つまり、金銭の勘定だけからいえば、利口ですよ、そのほうが。

歌謡曲やなにか歌う人が、パッと出て来て、一年ばかり人気があって、あとピシャッと落っこっちゃう。それと同じになってもいいから、早く売れたほうがいいというんですな。それで、人気が出たとき金を儲けておいて、その金でアパートでも建てておく。そうすりゃあ、家賃のあがりで、あとは生涯、十分に食っていけるじゃないか、とこういうんですが……、しかし、芸人としてこういう考えは、あたくしははなはだ情けない料簡《りようけん》じゃないかと思う。あたくしどもは芸が好きで、それをやりたいから芸人になったんですからね。アパートのあがりで食うんなら、旅館かどこかに奉公して、金をこさえてやりゃあいいんですよ。

いま、仮に誰かに、「どこそこの会社の社長にしてやるから、お前、噺家よして社長になれ」と言われたって、あたしゃいやだってんです。たとえ、そのほうが噺家やってるより儲かると言われてもいやですね。

人間はただ生活して生きているだけが能じゃない。やっぱり、自分のやりたいことをやるのが人間じゃないかと思います。

だから、あたくしはもしいけなくなったら乞食になってね、大道へ立ってでも噺をするってんですよ。もちろん、いくら大道に立ったからといっても、自分は必ず、お銭をもらえるだけの噺はしますよ。そうすりゃあね、中には気の毒だと思って、金を投げてってくれる人があるかも知れない。また、噺を聞いただけで、サッと行っちまう人もあるでしょう。けれども、どんなに惨めだと思われても、芸人とすればあたくしはそのほうが立派じゃないかと思うんですよ。家賃のあがりでそれで辛うじて生きているよりはね。だけど、いまの人にはそれは通じないらしい。最近は逆なんです。

「冗談言っちゃいけない。乞食なんぞして、大道へ立って噺をするなんてみっともない。それよりも家賃を取って、それでいいものを食べたり着たりして、楽に暮らしたほうがいい」

って、そのほうが人間的にも立派だと思っているんですね。

でも、あたくしはやっぱり、乞食してもいいから、生涯、自分がこれと目指した業を続けて、それでめしを食うってことのほうが立派な生き方じゃないかと思います。家賃のあがりで食うなんてえのは、それはもはや、おのれの初志とまるっきり違ったことをしてるわけなんですから、これ程みっともないことはないんじゃないか……たとえお客の質が変わっても、いいものはいいという、こりゃあ変わらないだろうと思います。いかに世の中が変わったって、拙いものがよくっていいものがだめだという、そんな時代が来るわけがないですよ。食うものにしろ、着るものにしろ、芸にしろ、やはりいいものはいいんで、これはいいからだめだ、なんてえのはありません。

ですから、あたくしには、いまの若い人の考えというのは逆だという気がしますね。世の中、銭勘定だけじゃだめだってことに早く気づいて、ある意味での危機感を持たないと、落語という芸そのものがすたらないとも限りません。

われわれがこの年齢になるまでに、何度危機がきたか、寄席以外には仕事のない、寄席で食うより仕方のない時代に、その肝心の寄席へお客がまるっきり来ない。いよいよだめだ、もうお客がこないんだから、となかば諦めたことが何回もありました。けれども、芸人たちが諦めたから芸をよしたのかというとそうじゃない。貧乏しながらも、なおくっついていた。

いまの人ならすぐ諦めちゃうでしょう。また、噺以外にもテレビに出てハンチクな仕事してりゃ何とか稼げるから、簡単に商売替え出来ますよ。

もちろん、われわれの仲間にも転業した人もありました。まあ芸人ですからね、まさか土方にはなれない、力もないし……。ですから、ひとつ二人でもって漫才でもやってみようとか、あるいは軽演劇のほうへいってみようとか、一応といわれるぐらい落語をやっていれば何かほかにも使い道はありますからね。けれども何とか成功したという程度の人はありましても、結局は転業したってたいしたことはありません。転業して、第一人者になったという人はあまりないわけです。

あたくしなんかほかに能もないし、勇気もないから、我慢してじっと耐えていたんですな。そして、もういよいよ底をついてだめかなと思ってると、またじりじりと上がってよくなってくる。かと思うと、また悪くなってくる。それである程度の年月がたつてえと、今度は落語ブームとかなんとかいわれて、びっくりするほどお客様がくる。しかも年寄りじゃなく、若い人が聞いてくれるようになりました。

これはやはり、われわれ噺家が一つの信念をもってやっていたからだと思うんですよ。落語なんて、つまらない単純なもののように思われていますが、ちゃんとした歴史と伝統があるんですから、どんな時代になってもそう簡単にすたれるもんじゃないと思います。けれども、正直なところ、芸の質が低下しているってことははっきりいえます。これは落語ばかりじゃありませんよ。何の職でも、みんな一様に拙くなってるんじゃないでしょうか。昔、手で出来たものが、みんな機械でこしらえるようになったからかも知れません。落語にしたって、マイクロホンなんて便利なものが出来まして、大げさにいえば何千人の前でも普通の声でしゃべれるようになりましたからね、質も変わってくるわけですよ。

いずれにしても、おのれの手と口でやって出来ないものはなかろうと思うんですが、これがなかなかむずかしい。あたくしが考えますには、どうも精神力に大きな差があるような気がしてならないんですよ。馬鹿になって、我慢して、一つのことに打ち込んでゆく人が少なくなりましたね。世の中、ソロバン勘定だけでは、つまらないものになるんじゃないでしょうか。

わが身に合った工夫を

芸なんというものは、簡単には批評出来ませんね。若い者をずらりと並べて、十人なら十人にずうっと演らせます、そのときに、どれがどうで、どうだってことを、批評してみろって言われても、あたくしはできないですよ。むずかしくって、とてもじゃないができません。

そのときの演じる人の体の調子、練習の仕方、あるいはその噺がその人にぴったりと合っているかどうか、といったこともありますしね。

ほかの人が演ると面白いからってんで、自分も演ってみようと思う。それであたくしが演って面白いかといえば、それがまったく面白くなくなる噺というものがあるんですよ。

つまり着物でいえば、柄だの、色だのと同じなんだろうと思います。

たとえばある人が着て、どんなにいい柄だ、いい色だと思ったってね、しからばそれを誰もが着て、ぴたっと映るかというと、そうはいかない。こんな色を、というようなのをその人が着てるとばかによく見える。じゃ、おれもこさえようってんで、一枚こしらえて着てみると、どうもあんまりぴたりとこない。「なんだかおかしいよ」と言われる。

それと同じで、噺というものにも、やはりその人その人に似合う噺と似合わない噺があるんですな。

だから、うまければ何でも出来るというもんじゃぁないわけですね。そりゃあ一通りは出来ますけれども、似合わない噺はお客に受けませんよ。

俳優さんでも同じこと。いかに六代目菊五郎が名人といったって、何の役でもみんな出来るかっていえば、そりゃ演るでしょうよ、あの人のことだから全部演るでしょう。でも、やっぱり似合うものと似合わないものとがあります。他の人が着ればもう天下一品だってえものが、自分が着てみるとどうもその割りに似合わないなんというように。

これは結局、いえばその人の柄に合わない、色が映らないってやつですね。

落語なんかでも、二代目の金馬さんがやりました噺に『笑い茸《たけ》』ってのがありましてね。仏頂さんという絶対に笑ったことのない男が、いやいやながら笑い茸を食べる。そうすると、とたんに笑うようになり、いわゆる「笑う門には福来たる」ってんで、それまでの貧乏が嘘のように金が集まってくる。しまいには天界の金までが仏頂さんのところへ行ってしまって、困り果てた神々が、笑って金が集まったのなら、こっちも笑ったらよかろうってんで、神々が集まって声をそろえて大声で笑った。するてえと、仏頂さんとこにいた金がみんな、ゾロゾロ出て行こうとする。

「おいおい、どこへ行くんだい」

「天で大声で笑ってますから、あそこへゆこうと思います」

「いや、よしたほうがいい。あれはみんな空笑いだ」

ってえのがサゲなんですがね。

筋も単純ならば、途中が面白いってえ噺でもないんですよ。だけどもアッハッハと腹をかかえて笑うときの金馬さんの顔がじつにいいんですね。この噺なんかは他の人が演っても面白くない。演った人はあるけれども、うけない。つまりお客が笑わないんですな。

ですからその後絶えてしまって、いまだに演り手がありません。

着物でいえば、特殊ななにか、色合いなり、柄なんでしょうね。他の人が着ても似合わないのに、その人なりの持って生まれた、ちょうどいい味ってえものがあるわけなんですね。この、持って生まれた天性の味を見抜くのがむずかしい。味を見抜くということ。これは、まずいろいろ演らせてみるということですね。演ってみなくちゃわかりません。どういうのが合うのか、自分にはわからないものです。これはよかろう、と思って演ってみても、ぴたりといくものもあれば、いかないものもある。自分の好きな噺、これはもちろんありますが、「あなたにはあの噺がいい。あなたが演ればきっといいから、お演りなさい」といってすすめられることも多いですが、われわれの場合、脚本やなにかと違って、いやでも応でも役がまわってくれば、必ずそれを演らなくちゃならないというんじゃなくて、演目ってえものは自分で選ぶわけですから、すすめられて気が向けば、「じゃあ、ひとつ演ってみようか」ということになるんですがね。だいたいにおいて、自分でいやなものは演りませんが、かといって、好き嫌いだけでは演目は決められません。

どんな噺でも、なかなかそうたやすくは出来るものじゃありません。結局は稽古ということになりますが、若いときに演りまして、年齢《とし》をとって演らなくなる噺もあるんです。

そうかと思えば若いときは大嫌いだったものが、コロッと好きになる場合もある。人が演ってるのを聞いて、つまらねえものを演ってやがると思ってね、あんな噺、おれは嫌いだ、聞くのも嫌だ、なんて思ってる。しかし、それが生涯嫌いなのかってえと、そうでもないんですな。年齢をとるとまた、心境の変化てえやつで、嫌だと思った噺にも、何か魅力が出てくるんですね。あれ演ってみようかな、という心持ちになってくる。よく、適材適所なんてことが言われますが、それが最初からわかればそれに越したことはありませんよ。けれども、そんなことはやってみなきゃわかりっこありませんからね。演らせてみてわかることで、好みにしたって、適性にしたって年齢とともに変化しますよ。この機微を、酸いも甘いもわからない若い者に教えてやる、これもわれわれの大事なつとめじゃないでしょうか。

まあ、いろいろ演ってみる、演らせてみるということが大切なんですが、やるときには、自分なりの工夫をしなければいけません。

もしあたくしが演れば、あのまんまじゃだめだから、じゃあここをこうして、ああして、という。つまり、着物でいえば、裄丈《ゆきたけ》が合わなければもう少し寸法を伸ばして長くしてみるとか、袖が長いからちょっと詰めるとか、というふうに、やはり身に合うように仕立て直して、そうして自分のものにするわけです。

せっかく教えてもらっても、その通りのものではね、やっぱり具合が悪いことがあるんです。太った人のものを、痩せたやつがもらってすぐに着たって、ぶくぶくしちゃって、どうにも具合が悪い。

だけど初めは仕方がない。人のものをもらったんだから。われわれが、先輩に教えてもらうってことも同じなんです。初めのうちはそのまんまで、あたくしはいいと思います。ぶくぶくしているものはそれはそれでちゃんと着てみて、どこが長いとか、どこがだぶついているとかいうことをよく見定めて、それから縫い直せばいいわけです。

ところが、よく見定めてからやればいいのに、若い人の中にはいきなり、もらってすぐに、ああ、ここんところはこうだ、ああだってね、パッと直しちゃうのがあるんですよ。そうすると、変てこに直しちゃって、今度は、仕立て直しのつかないように、肝心のところを切っちゃったりなんかして、「そうだ、あそこは要るんだったのに」てなことになる。

それじゃもうだめですよ。直らない。どう仕立て直せばいいかってことがわかること、これは大変なことなんです。

早のみこみでもいけないし、かといって、いつまでも教えてもらった通りではいけませんからね。お師匠さんの通りに演っていたのでは、芸はだめだってえことをいうのに、よく「半芸に如《し》かず」って言葉をつかいますがね。

つまり、先生に教えてもらったものそのままでは、いくらうまくなったと思っても、半分まではゆくけれども、先生を追い越すほどにはなれないわけです。やはり、教えられたものを自分がすっかり身につけてしまって、今度は更に自分のものにしなくちゃいけない。それでやってこそはじめて、教えてもらった人よりもうまくなれる。

お相撲さんの世界では、稽古をしてもらった相手を本場所で投げると、「恩返し」をしたっていいますね。芸もそれと同じで、教えてもらった人よりも拙いから、それで礼が足りたってものじゃないんで、それよりうまくならなくちゃいけない。そうすりゃあ、教えた人は、なお喜んでくれるわけで、それが本当だろうと思います。だから、師匠に離れるのが早ければくずれてしまう。またこれが、遅すぎるてえと、今度はもう、それから抜けられなくなってしまうわけですよ。

このへんの呼吸を、あたくしは、カルメラというお菓子をこしらえるのと同じだといっております。お砂糖を入れてかき回しているうちに煮えてくる。煮えたなというところに、ちょっと棒の先へ重曹をつけて、すうっとかき回すと、プーッとふくれる。あの火加減と煮方は、カンでやるよりしようがない。あんなもの、ストップウォッチを片手にやったってだめですよ。重曹を入れてかき回すのが、ちょっと早すぎてもペチャペチャとなっちゃうし、遅くってもこれはやっぱり、ポチョポチョとなって、うまくふくれあがらない。師匠からあんまり早く離れると、ペチャペチャッとなるし、遅くってもやっぱりポチョポチョッとなっちゃう。ここだな、てえときに離れなきゃいけないんですが、この呼吸は教えて教えられない。むずかしいもんですね。これは当人のカンにたよるよりしようがない。

じゃあ、そのカンはどうすりゃいいのか、てえことになるんでしょうが、これは、平凡だけども、基本の積み重ねというよりほかにありません。何でもそうでしょうが、ものをおぼえるには基本をちゃんとおぼえなくちゃいけない。

お習字をするのと同じで、最初はまず、基本になるお手本の上へ紙をのせて、なぞっていって形だけおぼえる。少したつと、今度はお手本をわきへおいて、それを見ながら書く。そしてすべてをおぼえたら、お手本をなくして、自分一人で、何年も何年も書いて勉強する。それで初めて自分の字が書けるようになるんです。お手本なしで初めっからうまい字を書こうったって、そうはいかない。お手本は十分に見るべきもの、おぼえた、出来た、と思ったときには必ずお手本を出してみる。そうすると自分の字が間違っていたり、いかに拙いかってえことが、少し出来てくると、よくわかってくるんですよ。そこでお手本を見直して稽古をして、一人で書いてると、またくずれてくる。そこでまた見直す。それを何べんも何べんもくり返して、しんから頭へ入れる。自分に合った自分なりの工夫を加えて字が書けるようになってこそ、そこではじめて自分の字が出来上がるんじゃないでしょうか。

基本をしっかり叩きこみ、自分の工夫をその上に築いてゆく——時に応じたカンというのは、そうした地道な努力から生まれるのだろうと思いますね。

お銭《あし》をいただくからには

世の中、一人じゃ何も出来ないってえことになると、大事なのは、若い者を育てることでしような。ところが、いまは昔と違いまして、まことにやりにくくなりました。といいますのは、あたくしどもの若い時分には、どんなことでも、上の人の命令には言うことを聞いたものです。

芸人ならばね、やっぱり大看板の人の言うことは、どんなに無理なことを言われてもきかなくてはならない。こりゃどうも……、と思いましてもね。

それがいまはまったく違ってしまって、なかなか従わない。時代が変わったといえばそれまでですが……。

こういう傾向は、あたくしども芸人社会に限らず、どうも一般的なもののようでございますな。会社ならば、社長の命令といいますか、上司の命令には一も二もなく従ったのでしょうが、いまはなかなか、そうはいかない。そのために、仕方がないからというわけでしょうか、いまは上のほうでかえって若い者にお世辞を使ったりなんかしている。見ておりますと、どうもそういうような気がいたします。

果たしてそれがいいのか、といえば、あたくしははなはだ悪いんじゃないかと思いますね。ときにはおだてて使うってえことも、そりゃ必要でしょうが、おだててばかりいたのではどうもね。出来もしないものを「うまい、うまい」とほめるようなもので、結局は本人のためによくありません。

ですからあたくしは、会長（落語協会会長）をしておりますときに、力のある者にはその力にふさわしい地位を与えるということをやりました。つまり、席順というようなことを無視して、どんなに下の者でも芸が出来ると思えば、思いきってパッと抜いたわけです。

会社でいえば、年功序列といいますか、入社した順で、ある程度ものごとが決まるという面がありましょ? それと同じで、われわれの世界にも席順というものがきちんと定められております。ある程度、年功序列です。あたくしはそれを無視しました。

まあ仮に、極端なことをいえば、片一方は十年もやっており、一方が三年しかやっていなくても、三年のほうがうまければ抜きます。これはいたし方がない。優勝劣敗ですから。どんどん、下から抜擢《ばつてき》して上へ上げちゃいました。

といっても、なにもあたくし一人でやるわけじゃあない。上げるには上げるだけの要素がなくちゃなりません。むやみに自分の好き嫌いで、そんなことをするわけではない。公平な目で見て、誰が見てもいいという、承知をするという者を上げたわけです。これは、ある意味ではむずかしいことですが、考えようによればまた非常に簡単なことでもあるんですよ。なぜならば第一に、お客様がやはり、いいといいます。それから、席のほうでも、あの人ならば、といってくれる。そこで、「そう思うならば、どんどん出世させてやってくれ」とこうなるわけですね。

このように少々無理をしてでも抜擢してやれば、それによってお客様にどんどん揉まれて、なおいっそう芸がよくなる。とともに、本人も、芸を磨くためにいっそう励むということになる。つまり、何といいますか、相乗効果があがるわけですな。

ただし、飛びこされたやつはいやですよ。順にいきゃあおれがなるのに、とんでもない下のやつがポンと飛びこえていきやがったってね、これはもちろん、面白くありませんよ。

しかしね、口惜しいと思ったらば、一回でも、一時間でもよけいに勉強して、うまくならなきゃうそです。そこで怒ったってね、われわれは、自分で勉強してうまくなるより他に仕返しのしようがないんですから、みんなそれで育ってきているんです。あとから来たものが、どんどん追い越していっちまう。人間ですからね、当然口惜しいと思いますよ。

そのとき、「いまにみろ、おれはもっとうまくなって、鼻であしらったやつにお辞儀をさせてやろう。あなたでなければ、といわせてやろう」と思って、なお一心に勉強する……、今日、一流といわれる人はみな、こういう意地と努力があったからですよ。もちろん、そう思ってもなれない人もありますよ。けれども、温情だけがいいというものでは絶対にないと思います。

あまりに不公平だ、といわれるようなことをするのは、それはむろん上に立つ人がいけないわけですが、もっともだってえものはしようがないんで、非難のしようがない。「それじゃやってみろ」ということになります。

野球にしても、やっぱりよく打つ人を試合に出さなきゃしようがない。あまり打てもしないのに、「あいつは古いから」とか「給料よけい取ってるから」ってんでは、それでは、始終負けてばかりいなくちゃならない。勝つためには、やはり若い者でも抜擢して、成績がよければ、続いてそれをメンバーとして使うということになってくる。これは、どこの世界だって仕方のないことで、芸人の世界でもやはり同じなんです。プロの厳しさなどといえば口幅《くちはば》ったくなりますが、お銭をいただくからには、お客様に満足してもらえるに足る芸がなければどうしようもない。それがすべてです。少々年齢《とし》をくってるからなんぞといってみても、そんなものは問題にもなりゃしません。

もちろん、お客様に喜んでもらえる芸というものが正当な芸であるかというのは、これはまた別の問題でしてね。あたくしどものほうでも、正当の道からいえば、「あんなものはしようがない」と思うものがあります。でもそれが、お客様にうけるとなれば、芸の巧拙、正当性云々はべつとして、お客様を摑む人は摑む人で、なにか、やはりその人なりの苦心をしているわけです。だから、それはそれとして、心得て使えばいいんだと思います。

ただうまいだけでも、やはりいけないわけでして、うまくっても出世の出来ない人がある。かと思えば、拙くっても出世した人ってえのは、芸人の社会なんかには、昔からいくらもあります。人物がよくって、まじめにちゃんとやってうまくいかない人と、少々チャランポランで、インチキなことをして、「あんな会社、ありゃしようがない。あの社長はしようがねえ」なんてのが、どんどん大きくなっちゃって……それでもなっちゃったものはしようがない。苦情のつけようがありません。そりゃあ、法律に触れるようなことをしちゃいけないでしょうけれど、それさえなければ、どういったって、口惜しがったって、しょうがない。やはり、世渡りのうまい人ってえのはありますからね。どうも数学の公式で割り出すようなことばかりはないのが、人生というものでしょう。拙い、拙いっていわれながら、人気があって、よく売れて、大看板になる。そんな人も芸人にはいるんですよ。

そのかわり、そういう人は、一度つまずいたらもうだめですね。お客のほうにわかってしまっちゃいけません。「ああ、拙いな」ってことがわかれば、がたがたっと落ちますよ。そこへいくと、地道にちゃんとした勉強をして上がった土台のある人は、少々のことではおどろきません。

建築物でもそうですが、地固めも何もしないで、砂っぱらの上へ大きな何十階もの建物を建てたとすれば、いくら外見がよくっても、ぐらぐらと地震でも来たら、もろにぶっ倒れてしまう。芸人でも早く人気が出て、偉くなる人ってえのは、正に地固めも何もしないで建てた建築と同じでね、大風が吹いたり、地震があったりしたら、まったくもってこわいことで、どうなってしまうかわかったものじゃない。

昨日まではあんなによかったのにってえのが、人気がなくなると本当にひどいものですからね。がたっと、落ちるところまで落ちてしまう。そうすると、基礎の出来ていない者は、そこからは絶対にはい上がれない。

しかし、目には見えないが、コツコツ地固めをして、叩いて、さんざっぱら地馴らしして、はたの者から、「いつまでたっても家が建たない。何してるんだ」といわれながらも、ボツボツと建ったものは、それはもう一朝一夕につぶれるようなことはありません。けれども本当の地固めをして建築するには、時間がかかりますからね。面倒くさくなるんです。

あたくしは、いつも「芸人ってえのは、やっぱりそれだけの修業をしてゆかなくちゃいけないよ」っていってるんですが、それにはどうしても長い年月をかけなくちゃなりません。そうすると、まわりのやつはどんどん出世してゆくのに、自分はいつまでも下積みでいて、おまけに貧乏では、もうたいていの者がくさっちゃいますよ。だけども、そこでくさったらだめですね。人間てえのは、どんなに素質があっても、くさるってことはやる料簡をなくしてしまうことですから、そうなるとおしまいです。

お相撲でいえば、土俵際で持ちこたえないで、押されたら押されっ放しでね。「ああ、もう押されちゃったんだ」てな調子で、あきらめて足を出してしまう。そうなってはだめなんですね、いかに苦しくっても、そこを何とかねばって、「よし、ここで逆転するぞ」という気概があってこそ、そこにお相撲の面白味があるわけでしょう？　いけなくなったとなると、くさるのも当たり前だとは思いますがね。しかし、それではねえ……やはり、肝心なところで耐えるかどうかが勝負の鍵です。

いまの人はね、なにかこう、奇跡的な僥倖ばかりねらっているようなところがありますね。テレビというものもね、結構なものですよ。洋画なんぞ、映画館に行かなくても、日本語で、解説までついて見られます。

しかしなんですな、このテレビが出てきたおかげで、だめになっちまうのもあるんです。若い噺家なんぞがそうで、人気をとるために出たがるんですな。それで何かちょっとつまらないことをして、それが気に入られるとする。一躍にして人気者になる、ひっぱり回されているうちに芸が荒れてきます。

それでもいい、有名になりたいっていう、そういうのにとりつかれて。ですから、自然そういう一発屋的な、いえば宝くじを当てるような料簡になるんですな。

舞台の上でひっくり返ったり、寝そべったりする馬鹿なやつが出るのもそのためでしょうが、それがお客にうけることがあるんです。

そうすると簡単に、世の中なんて甘いと思ってしまう。しかしね、甘いと思ってると、意外に辛いものでね。一時的な人気におぼれて、まじめさを欠いて「客なんてものは」などと舐《な》めてかかっていますと、とんでもない目にあう。そのときにでもいいから、気がついてくれりゃあいいが、たいていは苦しいからといって勝負事に凝ったり、馬券を買ったりする。これがまた穴狙い。当たりゃいいけれども当たらない。

せっかくいい素質を持ちながら消えていかざるを得ない。これは教えようったってだめなものだけに、頭の痛いところでございます。

理屈ではわかっていても

昔から「岡目八目」という諺《ことわざ》があります。

他人がやっていたときはあんなにわかったのに、いざ自分がやってみると、かいもくわからない。他人の批評は立派にできるんですがね。

ある家へ遊びに行くと、大工さんが四、五人来ていて、ちょうど昼休みのお茶を飲んでいるところ。

そこにあった縁起棚を見て、

「おい、見ろ。なんだい、この仕事のまずいこと……ひでえもんだな。これで銭を取るんだから」

「なるほど、見てやれ。まずいな」

いやじつに、さんざんこきおろしている。

そのうち、職人たちは仕事にかかりました。洗面所のドアをつけるんですが、押すと開いて、手を放すと自動的に閉まる戸なんです。やがて蝶番《ちょうつがい》をつけて仕事が終わったようなので、その家の主人が、洗面所へ入ろうとしたが開かない。

「ちょいと、この戸は開かないよ」

「いえ、そんなことはありませんよ。開きますよ」と、押してみて、

「あれ、変だなあ。開かねえことはねえんだが」

と、よく見て、

「ああ、蝶番を反対につけちゃった」

このときは本当におかしかったですな。他人の仕事は立派に批判したが、自分がやると蝶番も満足につけられないとはねえ……。

六代目菊五郎、初代中村吉右衛門の両優がまだ若いころ、二長町の市村座時代に『仮名手本忠臣蔵』の通し狂言で、毎日、役代わりでつとめたことがありました。今日、由良之助を菊五郎がつとめると、翌日は吉右衛門というように、おのおの役を交替でつとめるんです。

その当時、師匠番として市川新十郎という人がおりました。九代目市川団十郎の門人で、本

名を小山徳之輔といい、楽屋名人といわれたぐらい、芝居のことはじつにもう何でも知っている、したがって若い俳優の指導者としても有名な存在でした。

当時の市村座は、三階の梯子段を上がったところに大部屋がありました。ここは名題下の役者のいるところで、大きな囲炉裏《いろり》が切ってあって、自在には囲炉裏にふさわしい大きなやかんがいつも煮立っていました。あたくしも落語家芝居のときに市村座へ出たことがあるのでよく知っておりますが、その囲炉裏のところへみんなが集まり、芸談になりました。

六代目も播磨屋（吉右衛門）も、新十郎のことを本名の小山と呼んでいたそうです。

何かのことから、定九郎の話になって、

「いや、どなたの定九郎を見ても、うちの師匠のような定九郎はもうありませんねえ」

もちろん、師匠とは団十郎のことです。

近世の名優である団十郎の話だから、一同膝をのり出して、

「どんなだったい」

「どんなと言って、与市兵衛を殺して、左の足を踏み出して、左の裾を返して刀をそえて、誰が演ってもあすこで、からんと見得を切りますが、うちの師匠は見得を切らずに、ただにらんだだけで、刀を拭う。その凄みのあること……あすこは見得を切っちゃあいけない」

「ふーん。じゃ、明日九代目の型で、ぜひ見せてくれないか」

新十郎が、ポンと手を打って、

「よろしい。ごらんに入れましょう」

翌日が千秋楽の日で、新十郎はふだん九太夫が役どころなんですが、定九郎のお手本を見せるというので、すっかり白塗り。胸から、両手両足……。仕度も出来て、さて、五段目。いよいよ定九郎の出となると、揚げ幕から舞台袖と、ほとんど楽屋総出で、この一世一代の定九郎を見ようという、いや、たいへんな騒ぎ。で、いよいよ定九郎が与市兵衛を殺して、向こうへポン、と蹴って、左の足を踏み出し、左の裾へ刀をそえると……からん、と見得を切ったんです。

見ていた一同、ぷっと吹き出して小さな声で、

「小山が見得切った、小山が見得切った」

舞台をおりてきた新十郎、

「いや、じつに面目ないことです。しかし、あすこへくるとどうしても見得を切りたくなりますね」

と言ったそうです。

名人団十郎には出来たが、平凡な者には理屈でわかっていても、その場へくれば出来なくなる……そこが芸の相違ですね。

上手下手の違いは、下界から肉眼で見た星のようなもので、ほんのわずかと思っても、実際は何万光年も隔たっているものなんですねえ。

箱に入るな

噺ってものは、のばすのも、縮めるのも、どちらもむずかしいものです。場合にもよりますが、短い噺を長く演るっていうのも、むずかしゅうございましてね。ちょいちょいとつけ加えていかなければならない。それはとっさの場合の仕事ですし、前々から稽古をしてちゃんとできているものならばよろしいんですけれど、そんなことはやりませんしね。

それから、時間を短くしてくれっていう注文もありましてね。どうしても十五分は演らなくちゃいけない噺を、短く演れったってね。そういうときに速くしゃべる人があるんです。回転を早くするんですが……これははなはだ愚なるものでしてね。噺の間がこわれて、面白くなくなってしまう。

あたくしのおやじが、短く演るときは、ゆっくりしゃべれ、ふだんよりもなお、ゆっくりしゃべれって、言いましてね。一、二、三といかずに、一、三、六ととんじゃうわけですよ。それもうまくとばなきゃならない。これもやはり、むずかしゅうございます。初めから予想して、そんな練習をしておくわけでもなんでもないんですからね。とっさに考えて、ポンポンととんでも、ちゃんと噺が明瞭にわかるとか、言わずもがなの言葉ははぶいてしまって、要点だけ、パッ、パッと言って、それで、しかも落ち着いて語る。聞いている人は長く聞いたと思って時計を見たら短かったというんですよ。だからそういうのは本当に腕があるんですね。

長く演りましたときに、お客様が、

「今日は、少し長うございましたね」って言うから、

「ええ、長かったです」

「一時間くらい演りましたか」

「いえ、一時間三十七分」

と言ったら、そんなに長かったんですか、とおどろいていました。

つまり、長く演っても、そんなに長く聞こえなかったってことは、やはりよかったんですね。そういうことは、ふだん稽古をしたっていけないことですし、やはりそれだけの芸の出来る人でなきゃいけない。腕がないてえとごまかしきれないんですね。ですから、なかなか一朝一夕にできるもんじゃありません。理屈はわかっていても、高座へ上がるってえとだめなんですね。

噺が箱へ入るってえましてね。お経の文句みたいにずうーっと、まんべんなく、間違わずにしゃべるけど、その代わりそういうのは、ちょっとした入れ事でも入らないんです。

で、一人で演ってるときには入るんですよ。自分で、こういうことをここへ入れると面白いなあと思って、ふだん稽古をしてみるとちゃんと入る。それでも高座へ上がってしゃべっていて、そこへくるとさながら、鎖ががっちりかみ合っているように、ここで入れるんだと思ってても、「おッ」というちに、ツウーッと通り越してしまう。だめなんですな、言えないんですよ。どうしてだろうと思って、それで高座を下りてしゃべるとちゃんとできるから、今度こそ大丈夫と思って、高座へ上がると、やはりだめ。つまり、それがもうゆとりがないわけで、きちっとしてしまってる、箱へ入っちゃってるんです。

「あんな箱へ入ったような噺をしてちゃだめだぞ」って、おやじに言われましてね。箱から抜けようと思うが、どうしても抜けられない。しかたがないから新しい噺を稽古して、そして、今まで演っていた噺を演らなくしちゃった。しかしこれもまた、しばらく演っているうちに箱へ入っちゃうわけで、また新しいものを稽古するというようにして、それでもう五、六年ぐらい。初めの噺などまったく演らなくなって、もうろうとして忘れてくる。そのときに、ポンと演ってみると、前にてこずったその噺がいくらかこわれてるわけですね。それでやっとこさと、その箱へ入ってた噺を抜け出せたということもあります。

ですから、新しい噺、新しい噺とやっても、それをおぼえるとみんな箱の中へ入っちゃう。一度、箱へ入っちゃうってえと、なかなか抜けるのに骨が折れる。その代わり、間違いはありません。一言半句、間違いなくしゃべれます。しかし、なんかこう、ツウーッと、きれいに出来ているだけで、聞いていて面白くもなんともないんですな。

ですから、今度はなるべく言葉を変えてしゃべる。意味が同じならばよろしいんですから、「そうだったのかい」ってぇところを、「ああ、そうか」と言ってもいいし、「うん、うん……そう」と言っても、これは構わない。意味はちっとも違わないんですから。そういうように自分で工夫して、努めて箱へ入らないようにして、演らなければいけません。

このごろは、箱へ入りません代わりにね、レコードに吹き込むときに困るんです。言い間違えてね。演り直すと、前とはまるっきり違ったことを言う。「ここんとこ違いますなあ」「そう。じゃあ、もういっぺん」……で、演ると、また違うんです。

だから十度《とたび》演っても、十度同じことが言えなくなってくるんですね。ですから、自分ながら、いくど同じ噺を演っても、そのたびに新しいものを演るというような心持ちで、一つ一つの言葉を注意して、しゃべらなくっちゃなりません。

それから、はっとして、咳が出かかったりしたときは、もうそれだけで間が狂うわけですから、今度はそれに合わした言葉を、言わなくてはならない。ですからある意味では自由になりますが、なおむずかしくなるわけですね。

昔からよくいう「柱」だとか「土台」だとか、そういうものがしっかりしていりゃ、いいんですよ。で、つまり「ふすま」とか「障子」だとか、そういうものは、ときどき取りかえなくっちゃいけないということですね。

そうしないと、いつまでも古い襖《ふすま》で、染《し》みだらけの畳を敷いてなくちゃならない。だから、そいつをこう、ちょいと取りかえる。取りかえていい場合もありますし、悪くなる場合もあるかも知れません。でもやはり、そういうふうに心がけて演れということですが、なかなかむずかしいものです。

また、前で長々と、うまい人に演られるとあとへ上がった人がどうにもならない。

名人の円喬（四代目）なんて人は、毒を流すっていいましてね。どういうことだろうと思ってましたら、あたくしはいっぺん、それを見たんですよ。その時分ですから、人力車でかけ持ちしてましてね。それが、自分の出番がない席へ、円喬師が来たんですね。

そして、「ちょっと、今夜、座敷（余興で行くこと）があるから、このあとへ上げておくれ」っていう。

つまり、こいつが癪《しやく》にさわると思うってえと、その人のやっている席へ入って来るんです。それで、いま上がろうという寸前に、円喬師が来て「ちょいと上げてくれ」と言うんですね。なにしろ、橘家円喬は上位の人なんですから、いちばん偉い人なんだから、いやだってわけにはいかない。「ちょいとだよ」と言っておいて、高座にあがると、『鰍沢』かなんか、四十分くらい。

そうすると、これは下りるとき、わーっ……となんて、拍手はないんです。そうですね、せいぜい五、六人くらいが、パラパラッと……つまり、うますぎて、手を叩く余地がないなんていいますが、本当なんですね。

そうした高座へ、あとへ上がるでしょ。もう、その落語家の顔も見ないんですよ。客同士が隣りの人と話し合ってる。

「うまい。じつにうまいね」

これが耳に入りゃあ、あとへ上がったやつは、かっとなっちゃってまごまごしている。

その間に、円喬はおりて来てね。急ぐっていうからすぐ帰るのかと思えば、キセルを出して煙草を吸っている。そして、次に上がった者がへどもどしているのを見てましてね、ニヤッと笑うんですよ。「ざまあ見やがれ」って……。

この間死にました古今亭今輔。あの前の今輔は大阪の人なんですが、円喬が上がってたっぷり演る。そのあとへ来ないんですよ、芸人が。どうしても、その今輔が上がらなくちゃならないので、仕方なく演るけれど、芸は違うし、顔は知らないし、どうにもこうにもならない。二日、三日と上がったところがどうにもならない。当人もあきらめた。もうよそうと思ったんですよ、噺家を。

それで思いあまって、円喬師匠の家へ行ったんだそうです。

「じつは、師匠の後へ上がりまして、毎晩どうにもやれないんです。あとへ他の人も来ませんし、あたくしにはどうにもなりませんから、噺家をやめようと思います。もう大阪へ帰ろうと思います」ってね。

「演りにくいかい」

「もう演りにくいどころの話じゃありません」

と言うと、

「そうかい。いいよ。心配しないで今晩、お上がり。今晩ね、お前の演れるようにしてやるから」

演れるようにしてやるったってねえ……。どうするんだろうと思ってたら、ちゃんと一席演って噺がすんで、

「さて、あたくしの後へ今輔というものが上がりますが、大阪からまいりまして、おなじみもございませんし、まだ芸は拙《つた》のうございますけれども、当人は将来有望な噺家で、どうかひとつ、お客様がたにも、聞いてやっていただきたいので、よろしくお引き立てを願いますように」

ってんで、口上をちゃんと言ってくれた。

それで演ったら、どうやら演れたっていうんですね。

つまり、円喬はそこで自分の芸をぱっと、消しちゃったんですね。芸のある人ですから、自由自在なんです。

そのくらい名人でしたね、円喬って人は。

芸に終わりなし

近ごろは学生さんだの、サラリーマンだのといった、素人のかたがよく落語をおやりになりますね。

こういう傾向をどうでしょう、ということをときどき聞かれるんですが、あたくしは「たいへん結構でございます」というんです。

噺を教わって、稽古をちゃんとして、それでおやりになる。そうすると、お聞きになっているときは「なんだ、こんなつまらないもの」と思うが、さてご自分がしゃべってみると、どんなにむずかしいものかということがはっきりわかる。人前で話をする、よい訓練にもなろうというものです。

しかし、自分の楽しみのためにお習いになろうというのなら、これはたいへんに結構なことですが、これでめしを食おうとか、噺家になろうてえ料簡をおこすのは、とんでもないことだと思いますね。

玄人が金を取って下手な芸を聞かせるのは困るけれど、素人のお道楽のほうは、金をたくさん使ったほうが偉いんで、自分の商売で儲けて、お金を使って、ひとを集めて落語を聞かせるってえのは、旦那芸といって、いいもんなんですよ。

やるんならやるで、金を使っておやんなさいって言うんですよ。いまの人はケチでいけない。ちょっと本でも読んで、それで宴会やなんかのときに、一席やろうってんだから……そんな生やさしいもんじゃありませんよ。

芸というものは、身につくまでには時間のかかるもんです。理屈じゃないんですからね。理屈だけなら、早くおぼえますよ。噺家になって、五、六年もたてば、少し熱心な人だったら、たいていのことはおぼえるし、わかる。ただし、頭だけではだめ。技術がともなわないとね。また、ものが出来ても、理屈を知らない人は、やっぱり出来ない。ですから、技量《わざ》と理屈がちゃんとマッチしたところで、初めて芸というものが出来てくるんで、かたっぽだけおぼえても、何の役にも立たない。

たとえば、かたち、なんてことをいいますが、あれだって一朝一夕には出来ません。

煙草を吸うかたち一つ取り上げても、扇子の真ん中を持つと侍の吸い方になる。それが先の方を持って吸えば職人になります。同じ町人でも、旦那だとまた違うかたちになるんですよ。

こういうちょっとしたことで、いろいろな人物の違いが出せますが、これだって、知ってれば出来るってもんじゃない。

あたくしたちだって、初心のときはなかなか出来なかった。かたちをちゃんとやろうとすると、かたちにとらわれてしゃべるほうがおろそかになってしまう。

また、芸には、必ずウソがあります。ほんとうの通りにやればいいってもんじゃない。おそばなんぞを食べますときに、頭の上まで手を上げて食べるんですが、これはウソなんですね。ほんとうにおそばを食べるとき、あんな上にまで手は上げやしませんよ。けれども、必要以上に上げなくちゃ、そばを食べたようには見えません。口元までじゃあ、小さくて芸にならない。これが芸のウソなんです。

あたくしがときどきやる噺で、『首提灯』というのがありますが、これは、侍に首を斬られちまった男が、自分で自分の首を持って、「はいごめんよ、はいごめんよ」と、提灯みたいに、前に差し上げて人ごみの中を行く。これはね、首の寸法じゃだめなんです。これをちょいと大きく開くと、手と手の間から顔が見えましょ。あたくしもこのコツがわかるまで何年もかかったんですよ。寸法からいったら、こんな大きな首てえものはありません。でもこのほうが芸ではほんとうに見える。

これをあるがままにやっちゃ、あたくしの顔が見えなくなっちゃって、それらしくない。この噺だけにかぎりませんが、芸には、ウソてえものがどこかになくちゃいけないんですね。

落語という芸は、衣裳はつけず、背景はなし、道具といったら、扇子と手拭いだけで、しかも、いったん座布団に座ったら、ここから出ることができません。

それだけになにがいちばん必要かといったら、やっぱりそれは、品位ということになりましょうね。品というものがなくてはいけない。絵でも何でも、よく言いましょ？

「うまいけれども、なんかこう、品がない」

それじゃ困るんですね。

品というのは、その人の持って生まれたものもありますが、ふだんの自分の心がけが大きく影響しますからね。じゃ、宮様の落としだねなら、品のいい人ができるかってえと、そうもいかないんですよ。貧乏人で、どこの馬の骨かなんだかわからないような人の伜でも、その人の心がけと修養によって、「あのひとはなにかい、どこかのお公卿さまのなにじゃないかい」なんていわれるような、品が身につくんですな。

われわれの大先輩にあたる三遊亭円朝という、明治の大師匠は、書ができて、絵が描けて、俳句がうまく、無欲で、ふだんはきちんと正座して、あぐらなんぞ一度もかかなかったような人だったそうです。

ところが、そんなに行儀のいい人が、夜はたいへんに寝相が悪かったてえことを聞きました。これは、円朝師匠のお弟子さんだった三遊亭一朝という人から聞いた話なんですが、あたくしは、なお偉いと思いますね。

夜、くたびれ果てて、無意識のうちに行儀が悪くなっても、朝、目をさましたときから、きちんと行儀をよくしている。これはなかなか出来ることじゃありませんよ。

ですからいかに、意志の堅固な人であったか、この一事からも円朝の人柄と偉さがわかります。しかも、生涯、その行儀のよさを通したってんですから、えらいもんですよ。

ああいう人は、政治家になっても、財界人になったって成功したでしょうね。たまたま、噺家の伜に生まれたから、噺家になったんだと思います。

芸のむずかしさについての話に戻りますが、長い噺をするにしたってそうです。

初めは、わあっとお客様を沸き立たせるように、面白く話さなければならない。そのうち、聞きこんでくると、途中で「ダレる」っていいましてね、お客様がつまり、静かになってしまう。その静かになる原因が、本当に客がうんざりして、いやになっちゃうんじゃいけないんで、それは人物の描写のうまさや、話術の力でもって聞かせなくちゃいけないんです。そうして、終わりに近づくにつれ、少しずつ調子が上がってきて、最後のところへくると、その盛り上がりが最高潮にならなくてはいけない。マラソンと同じなんです。

ですから、十五分の噺をやらすと面白い噺家が、じゃあってんで二十分やると面白くなくなるってことがあるんですよ。それから先はもっと面白くなくなっちゃう……。不思議です。

こういうことは、十年、二十年やれば出来るってもんじゃない。何年やっても、会得出来ない人は、出来ないんで、ま、生涯修業が続いて、これでいい、終わりだ、というところがないのが芸だと思いますね。

気転をはたらかせること

何かに困ったとき、どういう処置をとったらいいかという……これはどうも、突然に起ることですからね。最初から考えておくことではありませんし、間違いの出来るのを待つことはできず、それにふだん、心がけておいてもその場になると、人間は、ハッとしてだめになるもので……。

あたくしども、長年高座に出ておりますが、演芸中に突然何かが起こった場合、うまくそれが処理できるかどうかということは、これはふだんの心がけにもよりますが、あたくしはつまるところ、自分の立場に責任を感じることだと思います。

太平洋戦争中には、演芸中によく空襲警報に出会ったことがありますが、その場合でも演者は決してあわててはいけません。客はみな、演者に注目して聞いている。その最中に、注目している人間が一人であわてふためいて舞台からとび下りでもしたら、それこそ群集心理で一同が騒ぎ出すのは必定なんです。だから、落ちつき払って、

「ただいま、空襲警報でございますから、みなさまどうかお静かに、ご退場をねがいます。お静かにどうぞ……」

と、ことさらにゆっくりしゃべると、客もあわてずに順序よく帰ってくれたものです。客があらまし帰ったのを見届けて、楽屋へ入ると、今度は大いにあわててゲートルを巻いたりしたものですよ。なにも、あたくしが度胸があるんでもなんでもない。ただ、自分の責任というものを考えて、自分があわてたらどういうことになるかと思うから、わざと落ちつき払って見せるまでであって、そりゃね、内心はこわいですよ。

それから、あたくしは芸人のことですから芸のほかはわかりませんが、何事かあった場合には気転をはたらかせること。つまり、頓智と申しますか。これはあとになればつまらぬことのように思えても、その場で突然起こることを、とっさにうまくさばくのは教えて出来ることではありません。

あたくしは戦争中に、満洲へ慰問と興行とで出かけまして、大連で終戦を知りました。当然、船は出ず、帰ることができない。もちろん、落語だけ演ってるわけにもゆきませんし、羽衣座

劇団というのがありまして、頼まれてあたくしがその座員になりました。

あるとき、藤森成吉という人の本で『転々長英』といいましたかね、そんな題名の芝居を演ったことがあります。そこであたくしは、春山という、坊主頭の医者に扮しました。

春山が、自宅で夜分本を読んでいる。そこへ高野長英が、伝馬町の牢から火事で解き放しというので、春山のところへ来る。

春山のあたくしは、女房にすぐ酒を持ってこいと命じる。女房が盆の上へ、徳利を二本のせて持って来ます。

一週間ほどの興行で、昼夜二回演じますが、ちょうど四、五日目の舞台でした。女房が、盆の上に徳利をのせて持って来たんですが、おいたときに二本ともひっくり返ってしまったんです。はっと思ったが、そのまま徳利を持って酌をすれば、初めから空っぽの徳利ってことが客にわかってしまうわけで、いかに芝居とはいえ、それではあまりにも空々しいですからね。

そこで、とっさに、

「これ、お前はあわてているから粗相をするのだ。早く酒をつけかえて来なさい」

と、盆をつっ返したんです。

「はい」

と、女房はそれを持って、一度襖のかげへ引っこんだんですね。

それであたくしは、高野長英と二人、捨てぜりふを言ってつないでいる。女房が二度目に、徳利を立て直して持って出て来たので、長英に盃をさして芝居にかえったんですが、あのまま演ってしまえばじつに妙なことになるところでした。すんでしまえば、そんなことはなんでもないといいますが、さて、そのときはどうしたものかと迷うもので、あとで相手の俳優さんからたいへん礼を言われました。

ただしね、同じ失敗でも取り返しのつかないようなことをされると困りますよ。

これも落語家ばかりで芝居を演ったときですが、『傾城反魂香』。吃又の芝居の中で、又平の女房が、

「そつじながらおなべ殿、茶ちゃひとつ……」

と言うと、女中が盆の上に茶碗をのせて、

「はい、お茶」

と差し出すところがあります。いつも茶碗を上へ向けて出すんですが、ある日、茶碗が伏せてあったのを、そのまま、「はい、お茶」と差し出したんで、相手の人が困りましたよ。女中の役を演った人も、かなり古い落語家ですが、そのとき、あたくしは子供でしたが、じつに気の利かない人だと呆れたのをおぼえております。

だから何事も、気を入れずに、ぼやっとしていたら、失敗したらそれなりになってしまうの

ですが、失敗したときに、それをうまく取りかえすことは気の入れ方、気転で、かなり成功するんじゃないかと思いますね。

いまはなくなってしまいましたが、人形町の末広という寄席で、あたくしが『小言幸兵衛』という噺を演っていたときなんですが、次から次へと、自分の女房に小言を言っているときに、正面の茶番という、お茶を売るところで、突然に、ガチャガチャッと大きな音をさせたので、お客がみな、そっちのほうへ振り向いてしまったんです。

そんなときには、聞いている人もおどろいて、一瞬、何を聞いていたのかわからなくなってしまい、その先を続けて演っても、平凡になって、気が抜けてしまいますので、お客が笑わなくなってしまうんですね。そういう、びっくりするようなことがあると、盛り上がっていた雰囲気がすうっと冷めてしまって、もう噺が終わるまでもとに戻らないんですよ。

そこであたくしは、とっさに、大きな音をさせたほうを向いて、「また何かこわしたな」とどなったら、満場がどっと沸きましてね。どうやら噺の雰囲気をこわさずに続けたことがありました。

高座はこわい

何年やろうと、芸を馬鹿にしちゃあだめですね。やはり、われわれにとって高座へ上がるってことは、神聖なものであって、恐れをなさなくちゃいけない。

床屋でも、かみそりをこわがらない床屋は怪我しますよ。だからできる人ほど、かみそりをこわがります。つまり大事にする。

われわれにとっても、やはり高座はこわいですよ。いつ何時、どういうことがおこらないとも限らない。どんな客が来ていないとも限らない。そう考えるとこわいですよ。

あたくしはいまでも稽古にかかると一日中稽古をしています。飯を食っているときだって、はばかりへ入っているときだって、湯に入っているときだって、からだのどこかで稽古をしています。

長い噺でしたらあるところで、パッと切ってしまう。次にかかるときは、その続きを頭の中で考えてやればいいんですよ。だから、二六時中できるわけです。一つなら一つ、全部やってしまおう、やらなきゃならない、と考えるからおっくうになってしまうんですな。

少しずつ、こま切れにしてやればいい。

あたくしなんかも、三分ぐらい稽古をしちゃ、また他の用をしたりなんかして、また三分ぐらいやる。そうしてどんどん積み重ねていくやり方をしております。

骨を覚えろ

芸の奥儀なんてものは、きいたって「こうだ」と教えてくれるものじゃない。また教えられるものじゃありません。あたくしは、師匠によく「骨を覚えろ」といわれたもんです。これは年齢をとってくるとよくわかる言葉でしてね。

王選手のホームランと一緒ですよ。フォームがこうだからこう打て、といわれても、誰もがホームランを打てるわけじゃない。人に教えるってことはなんですな、キチッと教えちゃいけませんな。あくまでも「おのれで立ち、おのれで考える」……隙き間ってものを残しとかなきゃいけないようです。

われわれの世界でいう、間とか勘とかいうものは、これはもう自分の努力の積み重ねでおぼえるしかありません。

芸だけでなく、だいたいの骨子というものを教える、教えていただく。その上で工夫は各自がこらす。習字と同じことですね。楷書をしっかりたたきこんでおけば、行書、草書も楽に書けるようになってくるということですね。

逆境のときこそチャンス

昭和十五年一月、突然父が死にました。先代五代目円生、あたくしが四十一歳のときでした。その当時、家族は総勢十二人。これを全部引きうけて生活しなければならない、こりゃあこうしちゃいられない、と夢中でした。

人間、一生懸命になるとよくしたもので、自分の営業のほうもどうやら順調に進んでいき始めたな、と思っていたときでした。

ある人からこう言われたんです。

「今までは、あの人（あたくしのこと）はおやじがいたおかげでどうやらこうやらやっていたが、死んでしまったら、気の毒だがいずれは困るだろう」

これを言ったのは、あたくしの古い友人で信頼していた人でした。むろん同業者でもありましたから、聞いたときはおどろきもしましたが、それ以上に腹が立ちました。

そこであたくしは、「よし。父のおかげでやっていたか、本当におれの実力があるか、いまに見ろ」と、すぐ紙へ「四面楚歌」と書いて壁に張ったんです。

そのほかにも親友と思い込んでいた人が、じつはそうではなかったと知るにつれ、腹も立ちましたが、それも、よし、今に真価を示してやる、という、おのれへ対して奮起の材料にしたものです。

あたくしは、ですから逆境に陥ったときにくじけるような人間は成功しないと思います。そういうときこそ男らしく立ち上がるべきで、いまにして思えば、あのときに周囲の人々があたくしをやさしくいたわってくれていたら、かえって気がゆるんで、今日のあたくしはなかったろうと思います。本当にあたくしを立ち上がらしてくれたのは、むしろ世間の冷たい目であったのかも知れません。

他芸を習え

あたくしは子供のころは義太夫語りで、それから噺家に転向したわけですが、今になってみると、この義太夫を習ったことがたいへん芸の力になっております。

いまの噺家は、他の芸をやるってえ人が少ないですね。つまらんことをやるよりは、やはり、芸の足しになる、あとの役に立つことを習うべきです。踊りはどうしてもやれっていいますね。それというのは、われわれは座って噺をしておりますから、上半身だけで動きを見せなければならない。女が出てくれば女になるように見せるし、男で武張った者が出てくれば肘を張るとかして形をみせますが、そういうのはみんな、日本舞踊が土台なんですね。ですから、そういうのはおぼえておいた方がいいし、それに、唄もひと通りやるのならちゃんと稽古をしなくちゃなりません。それには月謝を払わなきゃいけないってことをよく言われましたね。月謝というのは、つまり、器用でもって聞きおぼえただけじゃいけないので、やはりその、正式な教師につかなくちゃいけないんですよ。お師匠さんの前で教えをうけて、月謝を自分で払って、それを習うべきなんですよ。そうするとやはり、ちゃんと正式に教えてくれますからね。

踊り、唄、三味線も出来れば多少は稽古をして弾けるようにしておく。そうすると、噺の間がよくなるんですよ。だからといって、それがみんなうまくならなくてもいいわけですよ。

前座のうちは、三味線に合わせて太鼓というのをみんな叩きますが、おれは太鼓叩きになったんじゃない、噺家になるんだ、太鼓なんかうまくっても、まずくってもいいってますがね、そうはいかない。ありゃ、やはり間ですからね。三味線と太鼓と、どう合うかという、つまり音に対する当人の反応ですね。

だから、太鼓の叩き方のまずいやつは、どっか噺も間の悪いところがあります。これは恐ろしいほどですね。

芸はみな同じですから、太鼓の拍子のうまい人は、しゃべってもやはり、どっかこう、間がうまいですね。

落語と歌舞伎

少年時代に見ました芝居で、いまだに、記憶に強く残っておりますのが、新派の高田実でした。題名も筋もおぼえていませんが、まわりの人たちは芝居をしている。ところが、高田実だけは、ふだんのまま。わざとらしさが少しもない。

幕切れのとこで、大きな声で、「ばかッ」とどなったら、とたんにまわりの役者がかすんで消えてしまった。そのまんま、幕がすうっと引かれて……これが非常に印象に残っております。あたくしの八、九歳のころのことでしょうか。

噺家は、歌舞伎を見ておきませんと、勉強になりません。若いころには市村座をしじゅう見物しておりました。何かの総見で、切符が毎月届くもので、そのころはもちろん寄席へ出ておりましたが、夜は遅くても、見物の日は早起きして出かけたものです。開演が、そうですね、九時か十時ごろじゃなかったでしょうか。なにしろ朝が早いのでたいへんでした。

立役者は、うまい人も大勢いるでしょうが、お芝居は脇役がうまくないと主役も引き立ちません。市村座では、中村翫助という人がじつにうまかったものです。『浜松屋』の番頭なんぞで出ても、立者《たてもの》を引き立てるような芝居を見せてくれました。噺家仲間でも、翫助の芸にはみんな感心しておりました。

九代目団十郎の弟子だった新十郎という人も、古い芝居をよく知っていて、そのころはもうお師匠番格で一目おかれていたのですが、この人もうまかったものです。

いまでいうと、多賀之丞さんが『先代萩』の栄御前に出ると、舞台がきゅっと引き締まる。すると政岡までが立派に見えてくるという、あれと同じですね。脇役がよくないと、舞台が締まりませんし、立者である役者も引き立ちません。

脇役で、あたくしがいまだに感心しているのは、尾上松助という人でした。この人が『十六夜《いざよい》清心』で、おさよの父親を演りました。十五世羽左衛門の清心、先代梅幸の十六夜（おさよ）という配役。大寺正兵衛に暇をもらって、おさよが尼になる場で、おさよの傍に座っているだけなのですが、せりふがなくて、黙って座っていて、それでいて父娘《おやこ》の情愛がにじみ出ている――どう見ても、父娘なんですね。こういうのを心が通い合う芝居っていうんでしょうが、まさに名人芸だと思いました。よっぽど芝居がうまくなければ出来るものではありません。

脇役というのは、主役をくっちゃいけないし、それでいて主役を光らせていくのですから、たいそうむずかしい役回りですが、昔はそうしたうまい脇役が大勢いたからこそ、芝居にコクがあって面白かったのでしょう。

芝居の脇役は、噺家のほうでいうと「膝がわり」に似ていますな。

真打の前に高座に上がるのを、膝がわりといいますが、これがあまりお客を沸かせては真打がやりにくい。かといって、しんかんとさせてしまっては、気分が滅入っていけない。真打というのは、その日のお目当てなんですから、その芸を引き立てるようにしなければいけないんですね。

その上、時間通りに真打が楽屋入りをしてくれればいいんですが、忙しい人でぎりぎりに駆けこまれたら、その真打が来るまでは、高座をつながなくっちゃなりません。もし一時間遅れたら、それだけ演っていなくちゃいけない。これが本当の膝がわりなのです。

膝がわりでうまかったのは、三遊亭三好という人でした。この人は、円朝の膝がわりをやっていた円三郎という座り踊りの名人がおりましたが、その円三郎に、子供のころから仕込まれていたので、座り踊りがじつにうまかったものです。

三好は、噺《し》家《か》芝居《しばい》のときに立って踊りましたが、立っても相当に踊れました。だから、よほど修業していたんでしょう。

座り踊りは、しゃがんで膝をあげた姿勢のままで踊るのですから、体の重心をとるのがむずかしい。あたくしもやったことがありますが、一朝一夕に出来る芸じゃありません。それを、三好はうまく体の重心をとりながら、高座の前に座布団を二つ折りにしておきまして、踊っている。そしておしまいのところで、踊りながら、その座布団をひらいておりるんです。そうすると、すぐに真打が、上がって座れるんですね。ふつう、高座の座布団は、前座がひっくり返すのですが、膝がわりの人がおりて、前座が出ていって座布団をひっくり返すと、このわずかなところで空気がすうっと冷めちゃうんですね。だから三好という人は、踊りながら座布団をひらいて、そのまま、真打がすぐ出られるようにしておくのですが、これなんぞはなかなか出来ることじゃありません。

芝居のほうでいうと、舞台が回ると場内の空気が冷めないのに、幕がいったん閉められると、急に気分がそがれたりする……あれと同じです。

何でも、芸事は間《ま》だといいますが、脇役も同じで、膝がわりが真打を引き立てるのと同様、主役を引き立てる。立者の役者も、幕がちがうところで別々に演じるのでは面白くない。立者同士顔を合わせてしのぎを削る。これが見物をわくわくさせるんですね。

噺家の名人といえども、独立してはだめだというのは、円喬の例があるんですよ。

落語界は、その当時三遊派と柳派にわかれていたのですが、その三派の名人が、師匠の円朝と弟子の円喬でした。この円喬という人は、芸は円朝に匹敵するか、もしかしたら上じゃないかといわれたくらい偉い人でしたが、一門を引き連れて独立したんです。

ところが、円喬は名人だけれども、その円喬が出てくるまでに弟子の噺を聞かされて、お客はもう真打が出るまでにくたびれちゃうんですね。

ふつうの寄席ですと、要所々々に芸のうまい者、人気のある者を散らしてある。それがいいのですが、このへんは芝居も同じで、座頭《ざがしら》一人が光っても、周囲《まわり》が悪けりゃだめだということになりましょう。

何にしても、歌舞伎は豪華でぜいたくでなければいけません。

あたくしの見た豪華版は、先代歌右衛門の八重垣姫、十五世羽左衛門の勝頼、先代幸四郎（七世）の白須賀六郎、先代宗十郎の原小文治で、先代中車が謙信で出るという、大一座の『十種香』でした。中車が謙信に出るのは、なんて勿体ないことをするのか、と思ったのですが、この配役では大立花《おおたちばな》の中車でないと、館《やかた》の主《あるじ》の貫禄が出ないということが、舞台を見るとはっきりわかるので、なるほど歌舞伎はぜいたくでないといけないのだなと感じ入ったことがありました。

ところが、最近は『熊谷陣屋』を国立劇場で拝見して、源義経が貧弱なのは、昔になかったことではなかろうか、などと考えました。御大将《おんたいしょう》の貫禄が、若い俳優さんには無理だし、これは御曹司だから通用しているという配役なのでしょうか。

大立花の中車が光秀で、『太十』が歌舞伎座に出たとき、小劇場ばかりに出ていた沢村伝次郎が、訥子《とっし》に改名して、初めて佐藤正清で出たのですが、槍を持つ手がブルブル震えていました。

訥子といえば、浅草で「伝ちゃん」と呼ばれて親しまれた人気役者で、大衆芝居のほうでは、伝次郎が出ると出ないのとでは客の入り方が違うとまでいわれていました。

ですから『太十』だって、光秀も演じていたろうし、ほかの役もずいぶん手がけている筈なのに、大歌舞伎に出ると正清で震えちゃった……。

あたくしはその当時、四谷の大番町に住んでおりましたから、大黒座で訥子の芝居をずいぶん見ていましたが、大芝居の中へ入ると、貫禄に押されて、さすがの訥子も震えちゃうんですね。

その訥子が、歌舞伎座で六代目菊五郎の部屋へ挨拶に行ったら、「なんだ、お前役者か」って言ったそうです。あれだけ人気のあった訥子を、六代目が知らない筈はありませんから、小さな小屋に出ていた訥子とは、役者の格が違うということを、こんな言葉で表現したんでしょう。いかにも六代目らしい言い方ですが、こんな具合に、そのころの大歌舞伎は豪華で、権威がありました。

噺家が芝居を見るのも修業なんですよ。

落語の中の言葉でも、ちょっとしたしゃべり方の違いで、歌舞伎のように唱ってしまったり、講談のように固くなってしまったりします。わずかの言い回しの相違で、ニュアンスがたいそう違ってきますからね。

邦楽で、それじゃ清元になっちゃう、これじゃ常磐津だ、ってよく言いますが、同じようなことです。ですから、噺家もほかの芸をよく見ておくことが大切で、とくに芝居は見ておかなければ困ることがありますね。

と同時に、若い俳優さんに言いたいのは、落語を少しお聞きなさいということです。世話物なぞやらせると、いまの人たちは失礼ながらどうもひどいと思うところがいくらもあります。ちょっとした、捨てぜりふなんてえものはむずかしいもので、こういうのは落語を聞いて少し研究されたほうがいいと思います。

若い噺家に『忠臣蔵』を見せたら、わからないという者もいる。『忠臣蔵』がわからなくちゃ困りますよ。それじゃ、落語の『四段目』や『九段目』『淀五郎』など、何も出来ないことになる。自分の商売の素《もと》をないがしろにしちゃいけません。

芸人は、心がけ一つだ、とよく言われますがまことにその通りでして、結局はおのれがやるものですから、生涯勉強しなくちゃいけません。向上心がないと、やはり一流にはなれません。ところが、昨今は人と人とのつながりが薄くなってきていますから、落語のような一人の芸でも悩みがある。ましてや、芝居は総合芸術なのですから、よけいにむずかしいことも多いでしょう。

昔は、何をやるにも道楽気っていうものがありましたね。歌舞伎で、女が裾を引いて道を歩くようなウソも、お芝居の美として、それを楽しむ。伝統芸なのですから、約束事がいろいろとあるのは当然でして、その約束事を知らずに歌舞伎を見るから、泣くべきところで客が笑い、笑うべきところで、ぼやっとしている。お客も勉強しなきゃだめですね。

あたくしにいわせれば、日本人は妙なところがある国民だと思いますよ。よくわかりもせぬ外国語で唄っているのを感心して、高い金を払って聞いている人が沢山いますが……日本の伝統ある芸はだんだんわからなくなる。でも、若い俳優諸君も勉強してうまくなっておくことです。いまに外国で、歌舞伎を見せるようになるかも知れません。錦絵を外国に持って行かれたと同じにね。そのうち、フランスへ行かなきゃ、日本のいい歌舞伎は見れない、なんて時代が来るかも知れませんよ。

遺産

芸には独創というものがないといけません。

われわれからみたら神様みたいな円朝師匠の噺を演るにしても、ただ真似をするだけじゃいけない。人の芸を上からなぞっているだけで自分の工夫というものがなくてはだめですね。

円朝師匠はこういう解釈で演ったけれど、おれはこの解釈でいこうということがあっていいんです。

創造力を身につけるためには、噺をおぼえるだけじゃなしに、いろいろな本を読みもし、聞きもし、演ってみなければなりません。そのまま使わないことでも、知っててしゃべるのと、知らずにしゃべるのとでは、噺の深みが違ってくるということがよくわかります。

芸ごとにしても、いろいろ身につけておくことが大切ですね。あたくしの場合、小さいときから義太夫をやっていたこと、毎晩の寄席で、長唄、常磐津、清元、新内、端唄、琵琶と、さまざまな芸を聞いてきたことが、いまのあたくしの芸にどれほど役に立っているかわかりません。

人間、何をやってもむだということはないんで、その体験を生かすことです。

先代《おやじ》が死んだとき、家は借家、金なんかまるでなかった。ところが、あたくしの頭の中には、先代が残してくれた噺がしこたま入っていたんです。おやじが生きてたうちは演ったことのなかったたくさんの噺を、ひとつひとつ稽古して、だんだん自分のものに仕上げていったわけですが、考えてみれば、これほどたいした財産というものはありません。税金が一文もかかるわけじゃなし、その代わり、こっちの心がけが悪くて、ぼんやりしていたらみんなお流れになって、なに一つ残りゃしません。書いたもんなんぞ、なかったんですから。

まあ、いま思えば、あの噺のあすこは、こうやるんだ、いや、こうしなくちゃいけないなんってことを夢中になってやり合ってましたよ。それからみると、近ごろの噺家は、不思議なことに芸の話をほとんどしませんね。出るのは遊ぶ話とお金の話でしょう。

芸に対する心構えということでは、昔の芸人のほうが、よっぽど真剣だったんじゃないかと思うことがあります。

お色気のはなし

よく色気っていいますが、むずかしいもんでしてねえ。昔から伝わっているこの江戸の芸というのは、一般にサラッとした芸がいいとされております。お菓子でいえば、白砂糖の更に灰汁《あく》をぬいたもの。天ぷらでもいい油で揚げて、あとでおくびが出てきて、不愉快だということのないような、食べるものでもそういうものを好みましたね。

ですから、芸でも、あとで思い出して、ああいやだなというような、顔をしかめる芸は賞美されません。聞いて、すうっと頭が清々するといったふうなそういう芸を尊ぶんですね。

ところが、サラッとしたというのと、色気のないのとを間違える人があるんですよ。言葉でいう「サラッ」を間違えて、なにかこの色気も何もない、ザラザラした、いいっ放しでもって、突っけんどんな言葉が、サラッとしているんだと間違える人があるんです。

あたくし、偉いと思いますのはね、あの志ん生さんですね。志ん生さんでも文楽さんでも、聞いておりましてね、やはり色気があります。つまり、頭が禿げちまおうがどうしようが、女が出てきて何か言うてえと、そこになにかこう、本当に女が出てきて座っているような、なまめかしい雰囲気が感じられるんですよ。芸人ですからそんなことは当たり前なんでしょうが、そういうところがなくちゃいけないと思いますねえ。

噺家で女の色気の出る人ってえのは、少のうございますね。あたくしもずいぶん長い間聞いておりますが、あの名人と言われた四代目の円喬、この人はあたくしが今まで聞いた噺家の中では、やはりいちばんうまい人で、女らしい色気がありました。

美人であるが、どういう女かということが人柄まで、しゃべっているうちにはっきり目に見えてくるんですね。そして、その言葉から、体つきから、聞いているほうへ伝わってくる色気というのが何ともいえずよかったですね。円喬という人は、何をやらしてもうまい人でしたが、とくに中年の女が出てくる噺というのは大したものでした。

あたくしのおやじ、先代の円生も太っていましたが、それでいながら、やはり女が非常にうまい人でした。でぶでぶした、頑固な体格でしたから、体つきまでは女になりませんが、不思議ですね、見ているうちに、なんかその、女らしくなってくるんですよ。

六代目の柳枝が、おやじのところへ稽古に来ていましてね、それでおやじの死んでしまったあとで「お宅のお師匠さんは名人だった」って言うんですよ。「どうして」ったら、夏場に噺の稽古をしていて、うちのおやじは太ってて暑がりでしたからね、六尺の褌をしめてるんですよ。褌一本でね、大きなタオルを肩にかけて、じくじく汗が出てくるのを拭くんですよ。それでね、太っているから座るのはしびれがきれるからってんで、あぐらをかいてね、それで噺の稽古をするんです。そのうち、女が出てきたら、おやじが女に見えたってんですね。きれいな、色っぽい女が本当に出てきたと思ったって……そう言ってました。

それがなりを見ると、体はでぶっとしている。肩にタオルをかけて、六尺の褌一本だけ……どうしたって女に見えるはずはないのに見えたという……そこが芸の力なんですね。

こういうのが本当の色気っていうんでしょう。芸の上で色気が出てくるんですね。

あたくしがびっくりしたのは、あの、いまの歌右衛門（六代目）のおとうさんに当たる、先代の歌右衛門。その方を十五、六のときでしたかねえ、はじめて舞台で見たんですよ。

芝居の筋は忘れてしまいましたが、若いときに一度だけ、男と関係してそれで子供が出来たんですね。ずっと母子で暮らしていたが、その女の子を連れて十八年ぶりにかつての男に会うんです。そのとき向こうの顔を見ているうち、この人に女にされたんだという、久しぶりに会ったんだという、その嬉しいやら恥ずかしいやらの内心の気持が外にあらわれて、その歌右衛門のからだから色気の後光がさしてるのを見て、びっくりしました。こんな色気があるのかと思って……あたくしは子供でしたが、そりゃわかりますよ。こっちだって芸人ですもの。

とにかく、物ごころついたときには、もう寄席へ出てましたからね。

ところが楽屋じゃ毎晩、女の話ばかりなんですよ。だからあたくしは、性なんというものは、先天的に……いや、後天的なんだが、なんてんですかねえ、知らない間に、ずいぶんその道の教育をされましたねえ。

あの三升家小勝、といっても、若い方はもうご存知ないでしょうねえ。いまの小勝じゃありません。その前の小勝（五代目）。八十三でしたかねえ、亡くなりましたのが。あの人は楽屋へ来てもねえ、女の話ばかりしていました。

楽屋へ入ってくると……ま、こういうことは言うべきじゃないでしょうが、当人が言ったんだからしようがない。

「近ごろ、タレのほうは出来るかい……」

われわれの符牒で、女のことをタレっていうんですよ。

『三十石』の中に謎がけの人物で、タレスキーというもっともらしい外人が出てきますが、女《タレ》が好きでタレスキーという、落語家らしいシャレでつけた名前で……。

余談になりましたが、あたくしが、

「師匠は、毎晩その話ばかりですね」

って言ったら、

「これがおめえ、いちばんいいんだよ」

つまりねえ、こういう話だと誰も腹を立てないんですね。

人の悪口を言ったりするのはいけない。また芸談はいいことですけれども、やはり人の芸に話が及ぶと、あの人はうまいとかまずいとか、はっきりするでしょう？　そうすると仮に尊敬している人だと、それを悪く言われると腹立たしいことですからね、なにかこう、妙なことになる。だからそういう話題はなるべく言わないほうがいいわけですよ。つまり、あの話をしていれば楽屋中が笑っていられますからね、あの話をして怒るという方は少ない。まして噺家は。だから高座へ上がって行くときも、楽屋の雰囲気が高座まで尾を引きましてね、まことになごやかに、にこやかにすうーっと上がって行けるんですな。

噺家ってものは、よくまあ、こんな年齢《とし》をして、こんな馬鹿げたことが言えるもんだ、なんてことをね、やっぱり楽屋でも言ってますよ。だけどもまた、そこに噺家の噺家らしい無邪気さがあるんだし、それだからこそ高座へ上がって噺をしても自然な雰囲気が出ておかしいんですよ。

それにしても、小勝って人は偉いですねえ。八十三で亡くなったんですが、八十二ぐらいまでありましたね、コレがね。実地に行えたかどうか、それはわかりませんが、でもね、たしかにあったんですね、ええ。

小勝っつァんが面白いことを言いましたのはね、頭がこう、おでこでね、禿げあがっているんですよ。

ある晩、楽屋へ入ってきて、

「なあ、おい」

っていうから、

「へいッ」

って言ったら、

「今晩、新橋の座敷へ行ったんだ。そしたらさすがは新橋の芸者だ、言うことが面白い。おれの顔をじっと見てやがって、『おっ師匠さん』って言うから『なんだい』って言ったら『お前さんも顔が前へ出て来たねえ』……禿げたっていわず、顔が前へ出てきたってのはじつに面白い表現だろう。さすがに新橋の芸者だ。面白いことを言う」

って、喜んでましたねえ。

そこへいくと、いまの女ってのは、言っちゃ悪いがいけませんねえ。絵になりません。なにかね、女らしさというのがなくなっちゃった。そりゃ全部が全部ってわけじゃありませんけどね。女らしさというのをなにかはき違えているんじゃありませんかね。

やっぱり女の人ってのは、色気のある、そのやさしいところが、どんな強い男でもグニャッとさせるんですよ。力に力を持ってきたんじゃ、そりゃ男の力には、とても敵うわけはありません。つまり、女のやさしさをもってぶつかってこられたら、どんな力のある男でもグニャグニャになってしまうという……そこがつまり、お色気じゃないかと思うんですがねえ。

第一、服装からしていけませんやね。ミニってんですか、あれは何ですかねえ。あれ、本当は女の好みじゃなく、男のおだてにうまく乗せられちゃってるんじゃないでしょうかねえ。失礼だけど、いまの女はあまり利口じゃありませんな。

もっと短くした方がスマートだとかなんとか、男の好奇心でもって、もっと上げろ、もっと上げろってんで……いまじゃこごむことも出来やしません。あすこまでいったら、お色気でも何でもないですよ。

昔はもちろん、女は長い着物を着て、足袋をはいていました。さっと風が吹いてくる。その着物と足の間が、ほんの五、六寸見えただけで、さっと押さえて、立ち止まっちゃったりなんかして……そういうところが男にとって、非常な魅力がありましてね、なまめかしい感じがしたものです。さっとこう前を押さえて、足を見せまいとする。見られるのがいやだというんですが、足の先ですからねえ。いま、足の先どころじゃない、股のところまで見せてくれる。昔はとんでもないことで、あんなところは見せるべきものじゃないんですからね、ええ。ありゃ自分の亭主のほか、見せるところじゃありませんよ。さもなきゃ、お湯屋のね、三助さんに見せるだけで、ストリップの女以外、決して見せなかったんですが、いまじゃ、どんどん出して見せてくれる。だから嬉しいかといえばそうでもない。われわれからみれば、情ない気がしますよ。もっと大事にしまっといたほうがずっと尊いんですがねえ。

山口淑子さんと『三時のあなた』でご一緒したことがありましたが、やっぱり、お色気の話がでましてね。

そのとき、お色気ってえのは、たとえば社《やしろ》みたいなものだといったことがありました。立派な神社へ行くてえと、表にはいかめしく長い垣がめぐらしてあり、樹木がずーっと植わっている。本殿へ行くまでに、数分は歩かなくちゃいけないんですね。それでやっとお宮へ行っても、すぐ御神体が見られるわけじゃない。御神体なんてのは、見せないものだってんですよ。そういうものを見るてえと目がつぶれるとか、やれ尊いものなんだからやたら見せないとかいうんですな。すると好奇心でなお見たい。奥のほうにあるてえと、なんだか影を見るようでね、まことにありがたいという心持ちが起こってくるんですな。

さあ、ごらんなさいってんで、太陽の輝くところに女の股を広々とひろげて見せられたんではねえ、こりゃァあんまりありがたくはありません。

お客様に連れられて、赤坂へ行きましてね、お座敷でお酒を飲んでるってえと、そこへ入ってくる芸者衆が、一流のいい芸者には違いないんだが、口もろくすっぽきかないんですね。こっちが何か言っても相手にしない。

赤坂の芸者なんてえのは、いやにツンツンしてやがって面白くねえなあと思ったもんでした。そこへいくと、二流どころになると、はじめから一緒に騒いでね。こっちもそのときは大いにもてたつもりで面白いんですが、あんまり簡単すぎてそのうちに飽きてくるんですな。

赤坂でも二度、三度と行くとね、親しくはなりますが、手も握れない。芸者でもね、なにか犯しがたい、厳然としたものがあるんです。

だけど考えてみると、こういうのは非常に後味がいいですね。冗談をいい合っても、ある限度は越せないという、奥床しさがあっていいんですねえ。

また、お客様の踊りとか唄を、こっちがまじめに見ているてえと、そんなもの見なくったたっていいわよ、およしなさいっていう芸者がいますが、それはねえ、芸者としては落第なんですよ。

あたくしの女修業ですか？　そりゃねえ、いろんな女がありましたよ。ええ、ないとはいいませんん。そりゃねえ、二宮金次郎のような顔したってだめですよ。

ですけれども、やはりそのね、ただ遊んでるだけでなく、なにかその、女の特長というものを、どこかで噺に生かそうと見ているんですね。浮気でも何でもいいんですよ。しかし、無駄に、ただファーッとしてやってるんじゃなくて、なにかその底に、商売的な意識があるんじゃないですかね。悪いことばでいえば、遊ぶのでも商売的な意識で、そんなことをしていたんですよ。だから若い時分には考えましてね、あさましいなと思ってねえ。

ちょっとした口げんかでも、これがなにか、落語に生かせないかと……それの意識がちっともはなれないでね、情けねえなと思ったこともありましたよ。でもこれは仕方がないんじゃないですかねえ。自分がこの業に入ったのはいってみれば宿命ですからね。

やはり、遊びでもなんでも、それを芸に生かしていこうというその姿勢が大切だと思いますね。

寄席こしかた

寄席の今昔

あたくしどもが教わりました時代には、稽古というものがずいぶん厳しゅうございまして、初心のうちにこういう噺をしてはいけないとか、いろいろ喧《やかま》しいことをいわれました。どうしてそんな、うるさいことを言うのかと思いましたが、大きな噺を演《や》りますと、やはりそれだけ人物もよけいに出るし、場面も複雑になってきて、なかなかしゃべりにくいんでございます。だから、それは相当の腕にならなければ出来ないわけなんですが、それをも初心のうちに、とかく演りたがるんですな。

何とかして、ああいう大きな噺を演ってみたいという……俳優さんでいえば、まだ演技もろくに出来ないのに大きな役を演りたがるのと同じことでしょうね。それがどうしていけないのかというと、いってみれば自分の力にもない大きな荷物を担《かつ》いで歩くようなものなんですよ。足元がひょろひょろしてる。ちょいと後ろから突っつかれりゃ、荷物と一緒に自分《てめえ》が転んじまう。だからもっと軽いものを、担げるものを担げ、というわけなんです。そのうちに、だんだん力がついてくれば、それに応じて重い荷物も自然と担げるわけなんですけれども、とかく初心のうちほど、大きなものを演ってみたいんですね。

あたくしもね、演ったことがありますが、途中で、もう自分ながらどうにもならなくなっちゃうんです。お客様が迷惑そうな顔をして聞いているんで自分でもよそうかと思うんですが、よすわけにいきませんしね。もう始めちゃったらしようがない。ああいう大きな噺は二度と演るもんじゃない、なんて、自分でこりごりしたことがあります。

昔と現在《いま》とでは、お客様ががらっと違っていますね。いまの人は常識人が多いせいでしょうか、お世辞がよくてね。昔はずいぶん無遠慮な人がいてね。「あーあ」なんてあくびをされたり、「もういいよ。おりろ、おりろ」なんて、中にはひどいのがいて、何かぶつけられたりしましてね。

昔はつなぎといいまして、一度演ってもあとが来ないときには、おりるわけにはいかないんです。

それは、われわれがよく羽織を着て出ますが、その羽織を脱いで、こうほうりますと、前座がこの羽織を引くわけですが、引くというのはつまり、脱いだ羽織がなくなるわけです。すると、これは、後が来ましたという信号《あいず》なんですね。だから、ただかっこうつけて羽織を脱ぐわけじゃない。ひとつの信号になっておりましてね。ヒョイとこう横目で見ると、羽織があればおりられないわけなんです。後が来るまでつないでいなければならないんですが、その継ぎ方にもいろいろありまして、一つの噺を切ってしまって、「後がまいりませんから、もう一席申し上げます」といって演るのもあります。

それで来てくれりゃいいけれど、まだ来ない場合、そうするとまた別の噺をする。こういうのを芋つぎといいまして、仲間に対して不名誉な話なんです。つまり、腕がないというわけですね。本当に腕のある人ですと、ヒョイと横を見て、まだ羽織があるってえと、普段は演らないような噺をとっさに、いましゃべっている噺の中に入れるわけです。それにはやはり、広く噺を聞いておぼえておくとか、ふだんの心がけですね。芋つぎには違いないけれど、それを切ったとみせないで、ずっと次から次へとつなげていっちゃうんですね。そういうことは簡単だ、と口では言いますけれどね、とっさのときにはなかなか出来ないものです。高座へ上がってなかなか後が来ない、そういうときの、このつなぎにはじつに涙ぐましい話もたくさんありました。

いまはもう、そういったかけ持ちてえのはありません。昔は、何軒も何軒も席から席へかけ持ちといいまして、まわって歩きます。だから、後がうまくくればいいけれども、なにかひどい雨が降ったとか雪が降ったとか、事故があったとかの場合に、穴があくということがよくありました。そういうときに、腕のある人とない人ってえのが、はっきりわかるんです。

昔は、前座の中でも少し噺が出来てくると、無理に穴をあけるってやつがいたんですな。羽織がすっと引かれたから、おりてくると後が来ていない。すると、「よろしゅうございます。あたくしが上がりますから」なんてね、無理やり穴をあけ、自分の出番をこしらえて上がるんですよ。ですが、これは自信がないと出来ません。おれはここで上がっても大丈夫だという自信ですね。

そういう手を使って上がって、演ってると、後へ来たやつがそこで聞いていて、「うん、こいつ前座にしちゃ出来るじゃねえか」なんてんで、認められて、これなら二ツ目にしてよかろうてんで、前座から二ツ目になれるってこともあるわけですね。それがためにわざわざ穴あけたなんてのがいたんですよ。いまはそんなことはありませんが……。

出物帳を、われわれは楽屋帳と申しますが、これは上がった順に名前をつけるんですが、ありゃ前座の役目なんでして、その上へ噺の題名をつけてゆくわけです。ですから、演者はまず、上がる前にそれを見る。われわれは何を演るってえのは全然決まっていないんで、その晩の自由なんです。特殊の会になりますと、題名が書いてありますがね。それだと具合のわるいことがあるんです。というのは、題名が出ているからその通り演ろうとすると、客席の感じが見たところ、全然違っている場合があるんですね。いつかも弱りましてね。放送のときでしたか、『廓の穴』という噺なんですが、あたくしが出ますと、中学生ばかりなんですよ。そこでお女郎買いの噺なんてねえ……。

ですからそういう場合に、題名が出ていなければ、中学生にわかる程度の面白い噺を演ることが出来ますから、だから寄席には題名がございません。

いまは高座へ名札が出ますけれど、昔はそんなものはありませんで、寄席に行って初心の人などは、何という名前の人なんだかわからないんですね。まことにずぼらな話のようですけれども、まあそうやって見ているうちに、お客様のほうもいろいろとおぼえてゆくんですよ。いまは寄席も時間割りで、一時間にだいたいは四人《よったり》づめですから、一人が十五分ですね。けれども、十五分正味は演れないわけです。というのは、おりてくる、そして次が上がる間に、三味線を弾いて出囃子《でばやし》がありますので、こういう時間がみんな切られてゆく。だから放送局みたいに十四分何秒とか、やかましいことを言います。

昔はそんなものはありませんしね。しかし、時間てえものに非常にずぼらなようでいて、それでじつにびっくりするようなことがあるんです。

時計を出してみますと、みな時刻が違っていることがあります。いま何時です、ってえと、

「七時です」

「あたしの時計は八時です。たしか大丈夫だと思うんですが」

「いや、あたしのも大丈夫なんです」

「そうかねえ……じゃ、中をとって七時半にしましょう」

なんて、なにも時間の中をとらなくったっていいのに、でもそこんところが噺家らしゅうございますね。持ってる時計も怪しいもんでして……。それでいて演る時間てえのが、おおよそ

決まっておりました。今夜はどれぐらいだってんで聞くと、前座が十五分なら十五分という。すうっと上がって、時計も何も見なくっても十五分ぐらいしゃべったのが勘でわかるんです。それから前の人が短かったなと思うと少しのばし、前の人が長かったなと思うってえといくらか縮めるといった具合に――。

それから出番付というもの、これは昔の寄席にはございませんで、誰がどこの席に上がるかってえこともついていないわけです。かけ持ちを何軒もしますから。

「ふり出し」というのは、いちばん先の席のことをいいます。こりゃ、すごろくから出た言葉でしょうね。そこへ行きますってえと、五人なり六人なり、いろいろな人が集まって、ここで、出番をどういうふうに上がってゆくかを決める……合議制ですね。そこへ来た人が勝手に決めるわけで、

「あなた、これから何処の席へ行くの?」

てえと、

「これこれへ行って、あっちへ回って……」

「それじゃ遠いねえ。足順が悪いから、あなた、先へお上がんなさいよ」

てなことで決めたりいたします。

けれどもその人の身分によって、そうもいかないこともあります。真打やなんかになります

ってえと、お客様がまだこれから来るってえときに、そんなに早く上げるわけにいかないわけですよ。だからそこは合議制で、あなた早すぎるからもう少し待って、なんてね。

それで一晩やりまして、二日目に、寄り合いってえのがありましてね。噺家がみな一つ所に集まって、夕べはどこどこにいたんだけど、すきぎれになったとか、あすこの席は少し混みあっていたとか――。じゃ、あそこは二軒目に回ったけど、三軒目にして、こっちを先へやっちゃおうとか、はたからみると何だか、すごくでたらめな商売をしているようにみえますが、それでいてうまくゆくんです。

それから、いまは十日の興行でございますが、昔は半月、半月でした。一日から十五日までが上席《かみせき》。十六日から三十日みそかまでが下席《しもせき》といいまして、いまよりは興行期間が長かったんです。昔は十五日やらなければならないので、だから二日目に自分の出番が決まってしまうと、それでぴたっと決まって狂いません。抜く人……つまり欠席のない限りはうまくゆくわけですよ。それから時折は、気が向くと大看板の人が長く演る。長い噺を演っても人数はちゃんと出ているわけで、それだけ昔は融通がきいたんですね。

大看板が出て長く演ると、あと、上がれない者が出てくるんですよ。上がれないってことを、われわれはくうって申しますが、食ってしまうということですね。「今夜はのびたからあたくしはもういいでしょう」といって、引き下がり、「お前さん、もう上がらなくていいよ」となる。そうなりますと、帳面へ名前を書きまして、頭に小噺と書くんですよ。小噺ったってね、題名のない噺はありません。たとえば、廓の噺ですと『廓の穴』とかね、ちゃんと名前がありますが、小噺っていうのは漠《ばく》としている。これはつまり、上がらずに時間の調整をするんですね。

楽屋裏はそんなふうにくり合わせますが、お客様にしてみれば、下手なやつに上がられるよりもうまい人が長く演ってくれたほうがいいんですよ。ですから客のほうでは、かえってそのほうを喜ぶわけです。

ところが、いまのお客ってえのは、プログラムにのっている演者が全部出ないと、苦情を言うんですな。本当は上がらないほうがいいような演者でも、これとこれが上がらなかったってえと、何だか損をしたような気がするんですかね。

いまはそれだけ、お客のほうがわかっていないということですな。

昔は、下手な噺家なら上がらないほうを喜んだものです。というのも、お客様のほうに噺家に対して見識が高かったということでしょうか。

落語の歴史

落語というものがいったいいつのころからできたんだなんていうことをきかれますが、てまえども無学でございますから、くわしいことは存じません。古くは『宇治拾遺物語』なんという本がありまして、それから端を発したんだろうというんですが、本当に落語というものが発祥してまいりましたのは戦国時代だそうです。

天正でございますか、ほうぼうで戦さが始まるその時代から、噺家というものができたといいます。

当時、陣中で長い間対陣しておりますと、いまのようにテレビ、ラジオもございません、本を読むといったって、昔のことだから、そうたやすくは手に入りません。どうも退屈でいかんというわけで、長い物語をおぼえている者にしゃべらせて、退屈をまぎらわせたというのが始まりで、この噺のうまいのをお伽衆《とぎしゅう》といったそうです。

それから、天正時代でございますと、安楽庵策伝《あんらくあんさくでん》というお坊さん、大僧正という偉い人でしたが、秀吉にたいへん愛されまして、世情の話をいろいろ語って聞かせておりました。いまでいえば新聞記者みたいなもので、大坂の町の中を歩きまわって、民衆が政治に何を望んでいるかを聞いては、本当のことや、ときには創作をおり混ぜて、面白く話したんでしょう。秀吉も頭のいい人でしたから、これを何かと用いて、政治の方へ応用したんじゃないでしょうか。

この坊さん、晩年は耳が悪くなったので、それまでの話をあれこれ書き残して『醒睡笑《せいすいしょう》』という本を作りました。いわば小咄集のようなもので、これがそもそも、落語の初めというわけです。

しかも、お坊さんとしてもなかなか偉い方なんだそうで、のちに勅許によって紫の衣を着ることを許されたといわれております。

風流の道を楽しみ、歌を詠み、茶をたてるという、茶人であり、文人であり、そして噺家の先祖であるという偉い方で、徳川三代家光公が将軍職についておいでの時代に、八十九歳の長命をもって亡くなられました。

『醒睡笑』は、策伝自身の創作ばかりではなく、中国から渡ってまいりました『笑符』という有名な本がございますが、この中には小咄といわれる短い話がいくらもあります。もちろん、猥褻《わいせつ》なのもありますが、いいものもあって、落語にはこの中から取り入れたものがたくさんあります。

それらを天正時代には天正、安永、文政、天保と、その時代々々に合わせて、その小咄の本が出ております。一時、衰退の時期もありましたが、天明時代からまた、落語がたいへんに栄ってきたといわれています。

当時、本所竪川通りに住んでおりましたのが立川焉馬という人で、この人は大工の棟梁でした。しかし、物を書いたり、狂歌を詠んだりするのが好きで、「ノミ、チョウナ、スミカネ」

と自分の使う道具を入れて「鑿釿言墨金《のみのちょうなごんすみかね》」という、お公卿さんのような面白い狂名をつけたりしております。

この人のこしらえた脚本で、もっとも有名なのが、『碁太平記白石噺』で、宮城野《みやぎの》、信夫《しのぶ》という姉妹が親の仇討をする話で、いまでも芝居などでやるからご存知の方もおありでしょう。仲間の蜀山人などと寄り合っては、俳句や川柳を作って互いに競い合っていたんですが、あるときその席上で、小咄を作って聞かせたところ、これが面白い。そこで、「それじゃあ、あたしも一つ」というわけで、みんなが互いに自作自演して聞かせ合った。落語というか、小咄というか。まあ、こんな形で親しまれていったんですな。

それが、営業になったのが、寛政年間で、三笑亭可楽という人が初めて席料をとって噺を聞かせました。その当時、本式の寄席なんてのはありませんから、孔雀長屋という大きな空店を借りて、これへちょいちょいと手を入れ、寄席らしくいたしまして入場料をとったんですな。

これが始まりで、それから寄席というものがどんどん増えまして、それにつれて噺家の数も増えてまいりました。もちろん、その前に講釈というものがございます。いまは講談といいますが、昔はみな講釈といって落語より古かったんですね。講談、落語、義太夫、とはやり出してきました。

この噺のほうは色物と申しまして、曲芸をやる者、奇術をやる者、あるいは声色を使う者、唄をうたう者、さまざまな者が出る。色どりがいろいろあるというので、これを「色物席」といい、われわれの一つのなりわいが生まれたわけでございます。

それ以来、れんめんとして落語が続いており、だんだん演る人も多くなり、聞くほうも次第に耳がこえてきますから、あれではいかん、これはまずい、といろんな批評が出てくるようになる。

それで話術というものを勉強し、技を磨くようになって今日に至っておりますが、本当にしゃべるということはむずかしいことでございます。

落語の将来

落語も時代によってどんどん変わっていきますね。それがまた当たり前なんですが……。水は高いところから下《しも》へ流れていかなきゃァならないもんで、流れに逆流するてえことはありません。芸もその通りで、流れによっていろいろに変わってくるもんです。しかし、たまり水になっちゃいけない。たまった水は腐るだけですからね。水は常に流れなくちゃァいけないんで、流れるからには変わっていくものです。どう変わるか、なんてえことは予想出来ないことですがね。世の中がどう変わっていくかったって、そんなことはわからない。天気予報だって、いまの最高の学問でもよくわからないんで、それと同じですよ。

この人はうまくなると思っていても逸《そ》れちゃう人がある。いままであたくしは、そんな人をいくらも見てきました。途中でね、すうーっと逸れちゃう。酒に溺れるとか、女に溺れるとか……何かにつまずいてしまってだめになる。芸があんまり器用で、天才的だといわれるような人は、とかく伸びないんじゃァないですかね。というのは、本当にやればそういう人はたいしたものになる。器用で、どこかひらめきがあるというような人が本気で芸に取り組んだら、すばらしいものになれるのに、途中で天狗になってしまってね、「俺はうまいんだ」という気持が出てきたら、もうだめです。だから無器用でまずい奴のほうが何とかなるってえのは、やっぱり「おれはまずいんだ。努力しなきゃだめなんだ」と言って、一心不乱に馬鹿のようになってかじりついてやるから、かえって大成するわけなんですよ。だから、器用な人必ずしも成功しませんね。「才子、才に溺れる」てえことを言うが、本当ですね。あたら才能がありながら朽ちてしまうのがよくいます。

しかし、こんな世の中だから、円朝より、もううまい人は出ないだろうといったって、それはね、この先どんな名人が現れないとも限りませんしね。それは断言できません。

但し、育てるほうでもちゃんと育てないとね。植木だって、水をやって、陽に当てたり、虫を取ってやったり、真心で樹を育ててやる人がいなけりゃね。枯れるもんならしようがないってんで、庭へ放り出しておいて、雨が降ったらそれで水をやりゃあいいだろうって、それじゃ育ちませんよ。自然の恵みだけではね。よいものを育てようと思ったら、骨も折れるでしょうけど手もかけなくちゃいけません。

噺家の場合、第一に聴衆ですね。聴く人がただ甘やかすだけでなく、ときには厳しく、慈愛をもって育てて下さるようでしたら、本人もまた努力しますからね、そういうふうならよくなります。

大選手だって、コーチがついて観衆が励まして、その上本人の努力で名をなすんです。芸も同じですよ。ですから、善い人間でなければ、いい噺はできません。悪人ではだめなんです。泥棒とか、悪人を主人公にしたりもしますが、それで悪が栄えてることにはならないんで、そういうテーマは古いなんていいますけど、決して古くもなんでもない。それでなくても悪い奴がどんどん出てくる世の中なんですからね。

いまの教育は、あたくしは失礼だが間違っているんじゃないかと思いますね。近ごろは親も低下してきて、赤ん坊を殺してロッカーに入れたりする。子供を一人でも育ててみりゃ、親の苦労がよくわかるといいますが、これじゃ母性愛もなにもあったもんじゃない。はっきり言って、犬や猫より人間のほうが低下してるんですよ。

噺をする者が高座でね、教育的なむずかしいことを言ったってね、そりゃ聞きゃしませんよ。教育されに寄席へ来るわけじゃないんですから。でも根本的には、ちゃんとした精神をもって噺をしなくちゃいけないんじゃないかと思います。善いほうへ導くのでなくちゃいけないけれども、あんまりそれがおナマに出てくると、お客が「何を言ってやがる。お前よりおれのほうが学問があるんだよ」ということになるんですね。むずかしいもんですよ。

だからあたくしは、芸というものは学問で出来るもんじゃないってよく言うんですよ。大学を卒業いたしましたってえのが家へ来るけれども、噺がうまくなるかどうかは、学問とは別だよ、というんです。目に一丁字もない大名人てえのがいるんですから……。

時代の波

三代目円遊……この人が月の家円鏡といった時代には、若手の真打の中じゃ第一の人気がありました。噺も面白く、あたくしどもなんぞ、将来はこういう噺家になりたいなあと、まあ、あこがれの的だったんですがね、いろんな事情があって、十五年ばかり職をかえていたんですよ。寄席へは始終来ていたんですが、十五年の間をおいて、また高座へ上がりました。ところがあなた、客にまるで受けない。死んだ円歌のせがれなんか、「円遊師匠の噺は、ちっとも面白くない」とこういうんです。

しかし、あたくしから見れば、芸は先《せん》よりまずくなったとは思えない。決しておとろえちゃいないんですがね、時代の波というんでしょうか。

ちょうど、川の中へとび込んで泳いでいる人にはわかる流れの微妙な変化が、土手の上から眺めているものには見当がつかないのと同じなんですね。どこがどうと具体的にいわれても、そりゃわからない。目に見《め》えない変化なんですね。だから、あたくしどもが毎日、しゃべっていることだって、古い噺ですが、自然に変わっていっているんですね。

ことに最近の変動。こりゃどうも、じつにえらい変わり方で、十年といいたいが、二、三年で、がらっ、がらっとひどい変化をします。

古典か新作か、なんてことをいわれますが、古典の中身も、だんだん変えていかなければ、芸を芸として評価してもらえなくなりそうですな。

ただどっちにしても、土台はちゃんとしておかなければいけません。建築にしても、上の方の形はいろいろに変えられますが、土台ばっかりは変えられないものです。

若い人が、変わったものをやるのも結構ですが、どうも土台をおろそかにする傾向があるように思いますね。筆の持ち方も知らないやつが、いきなり個性ゆたかな字を書こうってえのと同じですね。

あたくしが新作をやらないのは、あんまりいまの題材がなまなましすぎるってこともあるんですよ。

いまの世の中にも、与太郎はいくらもいます。急カーブを百キロのスピードで走って、壁につき当たり、窓から出していた腕をなくしちまうなんざ、立派な与太郎ですよ。ですが、こんなのはちっとも面白くない。普段はどこそこの学校を出てるんだなどと、まじめな顔をしている与太郎なんてのは表現がむずかしいし、笑いも少ないようです。むしろ、昔の与太郎のほうが罪がなくていいじゃありませんか。

話はもどりますが、いまはテレビなんかで、噺家のタマゴみたいなのをどんどん使ってますね。「何ができる?」って聞くと「こんなもんです」と、じつにだらしのない芸しか持っていない。そんなのを、面白いとかなんとか、ひきずりまわすもんだから、当人は「おれもたいしたもんだ」という気になっちまう。

昔はラジオ、それもNHKだけでしたから、若手なんぞは年に二度か三度ぐらいしか出してもらえなかったですよ。しかも、いっぺんしくじれば、もう何年も使っちゃくれません。こわいもんでした。いまは素人に毛のはえたようなものでも出演できますからね。芸のよし悪しは問題でなくなってきています。それだけにこわいんですが、気づいているやつは少ないですな。

テレビで、「六分半で落語をやってくれ」なんていわれることがあります。これはむずかしいもんですよ。無理してやるもんだから、たとえば、鯉のしっぽだけ描いて、「これが鯉でございます」って……。これじゃね、「何を言やがる、この野郎」と怒り出す客が出てきますよ、きっと。

一年中しゃべってますが、「ああ、今日はよくできた」と思えるのは何回もありません。一年に一回か二回でしょう。相撲と同じで、先《せん》に押し手で勝ったから、また押し手で勝てるとは限りません。上手投げを打ってるつもりで、足がもつれて、てめえのほうがつんのめってしまうことだってありますよ。思うままにはできっこありません。

芸もその通りで、「おれはもう……」という料簡をおこしたら、そこで行き止まり。退化はしても進みません。ひとつところにとどまっていることにすら、たいへんな努力がいるもんです。砂地の山を登るのに似てますね。

江戸の春

昔といまの寄席の違い、それは畳から椅子席になったことでしょうね。たった一つ座るところの残っていた人形町の末広も今はなくなってしまいました。これも時代の移り変わりでやむをえないことかも知れません。でも、やはり噺というのは座って聞いたほうが気分が出ますよ。腰をかけてというのではどうもあわただしいし、まして立ってなぞ聞くもんじゃありません。

昔から、春の寄席というと、松飾りがあってなんとなく正月気分がただよっていいものでした。明治の末から大正の初めころ、当時の車といえばみんな人力車でしたが、真打の売れる噺家はみな人力車に乗ってかけもちをしましたから、多いときは四、五台も寄席の表にずっと並んでいたものです。

師匠の高座がすむと、表でわかりますからね、当の車屋が提灯にあかりをつける。前座が師匠の鞄を持ってきて、車の蹴込みへかけます。幌をかける人もありましたがたいていはかけなかったものですよ。引くほうも風をはらまず、楽だったし、若い者なぞ、幌に包まれてしまうより、すうっと車に乗っていく姿を人に見せたかったんでしょう。

梶棒がすっとあがって、寄席から「ごくろうさまでございます」と声をかけられて、出て行く――。いまの自動車なんぞよりはさっそうとしていて気分のいいものでした。

春の寄席は、高座の出番の数がふだんより多くなりますし、場内はどこも満員、しかもマイクロホンがありませんから調子をはらなければなりません。それを長く、軒数も多くというと演者が疲れてしまうので、春の寄席はほんのちょっぴりしかやらないものでした。

客のほうもなんとなく正月気分でざわついていますから、演《や》り物は短く、出番を多くするほうが、双方とも目先が変わってよかったのでしょう。

いま、正月てえと、東京をはなれて温泉などへ行く人が多くなりましたが、昔はそんなことはしなかったもので、どんな人でもわが家にいて年礼という、客を迎える礼は欠かしませんでした。いまの人はうるさいからというので逃げ出すんでしょうが、うるさいといい条、年に一度、年始にしか会えない人もいますからね。正月は、そういう人と旧交を温めるいい機会ですよ。まア、儀礼といえば儀礼でしょうが、やはり正月はわが家にいて迎える、これが本当じゃないかと思います。

昔は、一歩表へ出れば、ちゃんと紋付き袴でいそいそと年始に歩く人たちを見かけたものです。それが出来ない職人は、絆纏を着て歩く。いい職人になると、何枚もの絆纏を重ねて、そうですね、七、八枚も着ている人もいました。

そして、その家へ行くときには、そこの家でもらった絆纏をいちばん上に着て行く。表に出るとさっと着かえて、次のお店《たな》のものを上に、というように順に着ていました。出入りのお得意先から目をかけられる代わりに、職人も損得をはなれて、一生懸命に働く——。

こうした風景は、そうした江戸っ子気質の人間の結びつきの強さが、初春の情景として表れたのだろうと思います。

正月の十五日と十六日。俗に地獄の釜のふたがあくという日で、この日ばかりはお店の使用人たちが自分の家へ帰れるんです。そして、自由に遊んで歩ける日なんですな。事実、地獄の釜のふたがあいて、外へとび出した使用人が有頂天になって町を歩いている姿というものは、いまの時代からは想像もつかないものでした。

自分の家へ帰るのに、まだ夜の明けない四時ごろから起き出して、寒い風に吹かれながらわが家へ急ぐ——その心持ちは涙ぐましいほどでした。

両親と涙の対面があって、がらり一夜があける。ご主人からいただいた木綿のお仕着せに、小倉の帯をきちっと締めて紺足袋をはき、早くから寄席へ来て、一言一句も聞きのがすまいというまなざしで、笑い、かつ喜ぶ……その風景はじつにいいものでした。

その代わり、汚ない話ですが、表へ出るとあちこちで小間物をひろげているんですよ。なにしろ持っている金は全部、一日で食っちまおうというんですから。残して帰っても内緒にしていればともかく、奉公をしている間は、小づかいで買い食いをするのは禁じられていましたから、誰はばからず、表で買い食いの出来るのは、宿りの日だけでした。だから入るだけ、何でもへタクサ食っちまおうというんでしょう、それもやぶ入りの楽しさでした。

現在《いま》の、日曜のたびに休めて、遊びに出かけて行ける若い人たちにはとうていわかりますまいね。

噺家の正月

百が味噌　二百が薪　二朱が米　一分《ぶ》自慢の年の暮かな

という川柳がございます。

昔は百というと百文のことで、いまの一銭。一朱は六銭二厘五毛、二朱だと十二銭五厘、一分は二十五銭。暮れに味噌と薪と米があって、その上一分の金があったら職人なぞは自慢が出来た、というわけです。また、

正月来《こ》よが盆が来《こ》よが　搗《つ》いた米三俵ありゃ恐いこたない

という唄もあります。

ま、お正月というのは、なんとなくいいものだと思いますが、噺家にとっても正月は一年中のかき入れとなっていて、ふだんお客の来ない席も正月はかならず入りがあったものです。そこで正月を目あてに借金もするし、また、「正月はかならず返すから、それまで待ってくれ。頼むよ」なんて言ってね、なんとなく正月になれば借金は全部解決がつくように当人、思っているんですがね、野球場じゃァあるまいし、大入りといっても何万人と来るわけじゃありませんよ。たかの知れたものなんですが、どういうものか正月はばかに儲かるような気がするんですね。

とにかく三ガ日はどの席も入ります。

しかし、三ガ日でも元旦はあまりよくない。それというのは、昔はどこの店も大晦日の夜は夜通し営業をしている関係上、元旦より二日目の方が沢山来ますし、三日目が最高で、だい

たい毎年そういうことになっていますね。しかし四日目には少し入りが悪くなってきて、七草、つまり七日以後になるともう平常通りになっちゃうんですよ。

それでもやはり正月はふだんより実入りがいいのが普通ですから、噺家はたいてい正月の収入をあてにして借金をのばしたりしたもんですが、下積みの二ツ目噺家なぞにはあわれな話がありましてね、せっかくあてにしていた正月の席も二軒ぐらいのかけもちしか出来ないなんてことがあるんですよ。

昔は、自分の師匠が売れていて勢力のある人だと、その弟子もやっぱりお客のいっぱい来るいい席をまわれますが、師匠が売れていない、人気のない人だと弟子もやっぱり売れません。場末の席しかまわれないし、それでも三ガ日はどうやらお客も来ますが、四日目にはばったり来なくなり、五日目にはまう……これは符牒で興行をやめてしまうことですが、二軒きりのかけもちでは、一軒の席が五日目でやめ、もう一軒が七日目にやめてしまうなんてことになると、もうあと行くところがない。

そのころは十五日ずつの興行ですから、十六日にならないと次の席は初日になりませんから、七、八日には結局遊びになってしまいます。さ、そうなると一文の収入もなし、まさか正月早々借金も出来ず、弱り目にたたり目で、寝こむなんぞときた日には、実際お笑いどころの沙汰ではありませんよ。

それが芸の薬だといいますが……いやはや、苦い薬ですよ。初めっから金を取らせては、ろくな芸は出来ないと言われましたが、まったくそうかも知れません。

そういえば昔から、金を持っていた人で大看板になった噺家はありませんな。みんながみんな、そろって貧乏でした。それに貧乏ですとたいていのことは我慢しなければならない。厭なことでも癪にさわることでも、ここで怒っちゃどうにもならないと思えば、どんなことでもぐっと堪える。こんなときに金があったら畜生め、と思ってもそこを我慢する、そういう辛抱が当人の薬になるので、噺家も貧乏しないやつはだめだと言われたものです。

しかしね、貧乏もあまり長いといやになりますよ。いったいこの先いつまでこの貧乏が続くのかと思うと本当に心細くなってくる。それでいて芸人は世間とのつきあいが第一だ、そのつきあいが出来なきゃ噺家をよせと言われるんですからね。

以前は、二の日にはかならず寄り合いがありました。興行の初日にみんなそれぞれ席をまわってみて、どうも具合のわるいところがあったりすると、二日目に寄り合いをして、順を入れ替えたりなにかするわけですが、その寄り合いに行くのがじつに辛かったものです。というのは、かならず金を用意して持っていかなければならない。

寄り合いの席に入って行くともう大勢そろっています。

「ごくろうさま」……劇場の人は「お早ようございます」と挨拶をしますが、あたくしどもの世界では、昔から「ごくろうさま」と言います。会ったときも帰るときも同じ挨拶なんです。

さて、挨拶をすると、

「すみませんが、ビラを一枚願います」

「へい」

「すみませんが芝居の切符を一枚どうぞ」

「へい」

「このくじを一本、お願いします」

「へい」

といった具合で、くじというのは、噺家仲間のうちで何か売りたい品物、たとえば煙草入れとか羽織とか、そのときによっていろいろな品物がありますが、これをそれぞれ寄り合いに持ってくる。するとそれが仮に二十円の品ならくじを二十本こしらえて一円ずつで引かせ、引き当てた人が品物を持って行くという……ま、そんなこんなで、寄り合いに行くたびに七、八円から十円は消えてしまう。

あたくしども、当時どのくらいの収入かというと、一晩二、三円ぐらいでしたかな。

寄席と芸人は歩合制度ですから、お客の入りのいいときはよけい取れるが悪いときは少ない。それを一ヵ月に通算して百円取れるときもあり取れないときもあるという程度。それが寄り合いが月に二度あって、行くたびに十円ぐらいずつなくなるんですからじつに辛い話です。それで愚痴でもこぼそうものなら、

「あのやろうはしみったれだな。あんなやつは出世は出来ねえぜ」

なんてんで、たちまち評判が悪くなる。仕方がないから歯をくいしばって我慢せざるを得ない。身装《なり》もあまり悪くてはいけないし、なんとかやりくりでごまかしていましたが、そりゃずいぶん苦しいもんでした。

それでも真打になって、大正時代ですから正月なぞ人力車へ乗って歩きますが、友禅のふとんが座席のところへかけてあって、自分の紋の入った提灯へあかりが入って、乗ると車夫が膝かけの毛布をかけてくれる。車の梶棒が上がると、木戸にいる席主が「ご苦労さまです」――すうっと車が引き出されたときの気分なんてえものはいいもんでしたねえ……じつに天下を取ったような心持ちになりますよ。車といっても父の、先代円生の車なんですが、若い真打だからというのであたくしを車へ乗せて、おやじは電車でかけもちをしていました。

柳家三語楼という人はたいへん人気もあり売れた噺家ですが、真打になりたてのころは貧乏

も貧乏、すばらしい貧乏で、毎晩乗っている車の車夫に払う金がない。仕方がないので、事情を言って、

「あしたの晩、かならず払うから待ってくれ」

と頼むと、この車夫がなかなか俠気《おとこぎ》のある長兵衛で、

「ああいいよ、心配しなさんな。師匠、お前さんも苦しいんだろう。これで、帰りに鮭でも買って帰《けえ》んねえ」

ってんでね。車屋からお銭《あし》をもらったという――どうも豪傑な噺家もあったものです。

年中貧乏

お正月という言葉は、あたくしにはじつに忙しいという印象にとどまりますな。子供のときからあたくしは芸人で、元旦から寄席へ出勤する関係上、羽根をついたり、凧を上げたりして遊ぶひまはありませんでした。ふだん三軒ぐらいかけもちのあたくしも正月は五軒、六軒と数もふえ、したがって遊ぶどころじゃありません。

のびのびと正月を楽しんでいる子供を見ると本当にうらやましいと思いました。その思いはいまもってつながっておりますが、しかし、若い時分は正月で借金を返そうというのが楽しみでした。

貧乏は落語家とつきもので、また本当に貧乏しないような落語家は芸も上手になりません。たとえば、猿に餌を見せて芸を仕込むようなもので、腹のくちい猿にいくら餌を見せても芸はおぼえません。つまり生活に困らない者はどうしても必死になって勉強しないんですね。その意味でやっぱり貧乏は、芸のうまくなる一つの手段だと思いますがねえ。とはいうものの、貧乏も辛いものですよ。

こんなことがありました。

ある年の暮れ、帝国ホテルで催されるという余興に行くことになりました。これは座敷といっても寄席の数十倍の金が取れるのですからありがたい話で、あたくしが三十歳のころでしたかね。

但し、お座敷へくたぶれたへんな着物では行かれませんから、いろいろやりくり算段で質受けをして、やっとのことでその余興をつとめました。決めた値段が二十五円で、その当日もらえるものと思っていると、「今日はまだ金が集まらない。明日とどけるから」と言われて、どきんとしました。

じつはあたくしにお座敷を頼んだ男は、以前からはったり屋でね、どうも危ない奴なんですよ。しかしその当時、幡ケ谷の大通りで味噌問屋をしていたので、まさかと思ってあたくしも相手を信用したのですが、はたして五日、十日とたっても金はくれません。

そのころあたくしは笹塚に住んでいましたが、幡ケ谷まで歩いて催促に行くと、奥さんが出て来て、主人は朝早く出かけたと言うんです。次の日、午前六時に行くともう出かけたという。それではと、こっちも業腹で、五時前に行ったらいましたよ。しかし相手も金がないとみえて六円くれました。どうも半端な金ですが、翌日行くと三円、その次の日は一円五十銭……向こうのおかみさんがね、いやな顔をするんですよ。でもそんなことぐらいでこっちもおどろかない。

なんとかして全部取りたいと、毎朝四時半に起きて通いました。すると、そのうちとうとう向こうも音《ね》を上げて、「金はないからこれを持って行け」と、藁苞へ入った納豆をひと抱えくれました。仕方なく寄席へ持って行き、おどろいている友達に「すまないが納豆を買ってくれ」と頼んだことがありました。

その時分の落語家は似たりよったり、みんな苦しかったものです。

初いびき

大正十三、四年のころ、あたくしは新橋の花柳の師匠へ踊りの稽古に通っておりました。その途中、土橋のわきに昼まえからお客でいっぱいの酒屋がありましてね。たしか三河屋という屋号でした。

細長く奥へふかい家で、客はお互いに背中合わせに立ったまま、コップで一杯ひっかけている。どんぶりにハリハリ漬や、小女子《こうなご》、昆布の佃煮、塩辛など、一列に十四、五種《いろ》が並んでいて、みんなこれをつまみにしていましたっけ。

もう一軒、これも戦前の話ですが、水天宮から蠣殻町へ向かって角から七、八軒目に、若松屋という居酒屋がありまして、あたくしもよく、人形町の末広亭の帰りに寄ったもんです。たしか、日本盛《にほんさかり》が一杯二十五銭でしたかね。

二杯目からは、「おい、半代わり《はんがわ》」と声をかけると、コップに八分目注いでくれて、おあしのほうは半分になる。誰でも、最初《はじめ》は一杯飲んで、次から半代わりをするんですが、われわれの仲間には初めから半代わりで通した豪傑もおりました。

あたくしが酒を飲みはじめたのは、十歳……くらいからですね。

師匠の四代目橘家円蔵は朝一合、晩に一合は必ず飲む人で、旅などへ行くと、あたくしが師匠のお酌をするんですよ。そうすると、いたずら半分からか、あたくしに一ッ《ひと》猪口くらい飲ませるので、それでだんだん酒の味をおぼえたんですね。そのうちに二杯が三杯と、年齢《とし》とともに腕《て》をあげて、

「師匠、もう一本つけましょうか」

などと言って叱られたこともありました。

当時は、口にふくむと、ピリッとする辛口が好まれてました。あたくしも甘口の酒はあまり好きじゃありませんが、なにかの拍子に口に合ったいい酒をいただくと嬉しいものです。

『一人酒盛』という噺は、五合もらった上等な酒を、わざわざ呼んだ友達には一口も飲まさず、自分ばかり飲んでいくというのが筋ですが、一合、二合と、茶碗であおっているときはまだ正気なんですね。三杯目でやっと飲んだ気分になり、とろっとする。四杯やると酔ってくる。五杯目からはぐっと酔いがまわる。本当に酔った気で話していると、あたくしの顔に赤味がさしてくるそうで、この酔っていく過程が芸じゃないかと思います。

昔は、正月《はる》の初席の高座は、すこしぐらい酔っていても文句を言う人はありませんでしたね。お客も承知、こっちも平気で出ていたもんです。

いつでしたか、正月の初席に、おやじがたいへんに酔って人形町の末広亭の楽屋へ入ってくると、そのまんま眠り込んでしまいました。酒の上に大の字がついたくらいのおやじでしたから、こんなに酔っぱらってては演れないだろうと、みんなで話をしていると、

「おーい、俺かァ、上がるよーッ」

大きな声で答えると、すっくと起きて、高座へ出ていったんです。

客席は満員の大入り。場内は、しーんとしてみんな聞き入っているとみえました。

さすがに偉いもんだ。あんなに酔っていても高座へ上がると、ちゃんと噺を始めるんだから、

と楽屋中が感心して話していると、

「おーい、楽屋ァ、誰もいねえのか」

客席からの大声。

あわてて高座をのぞくと、しんとしているのも道理。おやじは座布団の上へ座って、お辞儀をしたまま、グーッ……と大鼾で寝ていました。

噺家珍芸会

震災前のころですかね、あたくしたちは毎年、年の暮れになると、よく珍芸や落語家芝居というのをやったものでした。

噺家の珍芸は、いまでもたまにテレビで見せていますがね。これは、あまり強いられたものは面白くありません。

ところが、当時は、珍芸会でもあればやってみようかと、みんなが自分の道楽にやりましたから、じつに楽しいもんでした。

ある年、売れっこの噺家が、本式の人形をそっくり借りて、『本朝廿四孝』をやることになりました。

人形というのは、あれは糸を操るだけで何年と修業がいるそうで、ちょっとした手の加減で、人形が前にごごんでしまったり、後ろへひっくり返ってしまうんですよ。

おかしかったのは『廿四孝』には、長袴をはいた武田勝頼が出てきます。長袴というものは、あれはずっとうしろに引きずっていなければならないんですが、それが袴の先で立っちゃったんです。まあ、恐ろしく足の長い勝頼ができちゃって、客席は大笑い。けれども、当人は一生懸命だから、最後まで気がつかない……。

また、ある年。噺家の一人が、日本手妻（奇術）をやったんです。この見せ場は、花火がパッと火を吹いて、お客の目がそれに奪われている間に持っていた傘を隠すところにあったんですが、ところが、肝心の花火がなかなかつかないんですな。ろうそくの火でつければ何でもないものを、あわてているから逆に消してしまった。しようがないから、次にマッチをさがしてつけようとしたが、これも失敗。さて、どうするかと、一同かたずをのんで見守っていると、その時分のことでそばに火鉢がある。その火でつけてしまったから、花火は無事ついたものの、同時に灰かぐらが天井まで上がって——あとの掃除の、いや大変だったこと。

しかし、これも忘年会のご愛嬌。一同、怒るどころか、ひっくり返って笑ったことをおぼえています。

この珍芸会には、じつはあたくしも何度か出たことがありまして、いつか、長唄の『鞍馬山』を立《たて》三味線で出たことがありました。長唄を唄ったのが、丸一の小仙という曲芸師。ところが、この人の声が低いんですな。これに合わせようとすると、三味線の音もどうしても低くしなければならない。でも、それでは三味線が引き立たず、せっかく出演した甲斐がないと、脇三味線をつとめた者から苦情が出ましてね。それで勝手に三味線の調子を上げてしまった。いい気になって弾いていて、おしまいのところまできたところで、ふと客席を見ると、その時分、富士田音蔵という、いちばんの太夫がおしのびで聞きに来ていた……。これには、いくら珍芸会とはいえ、肝を冷やしたものでした。

芝居といえば、あたくしどものやる芝居はもちろん、歌舞伎をさしますが、これは当時の明治座とか東宝名人会とか、ちゃんとした一流のところでやったもんです。たいていは年の暮れにやりましたから、忘年会的な楽しみがありましたね。

それに芸というものは恐ろしいもので、ふだん、高座に慣れていて、なんということもない噺家が、いったん役者になって舞台に立つと、あがってしまってお客の顔なんかわからなくなってしまうんですね。それだけに失敗談はきりがありませんが、もっともお客もまともなものなら、本職の芝居を見ればいいと思ってますからね。そんなにおどろかない。当時、噺家の芝居の人気が高かったのは、失敗したときの機転のきかせかたや面白さが評判をよんでいたんだろうと思いますね。

あたくしのおやじは、体が大きく、その上太っていて芝居はあまりうまくありませんでした。

ところがある年、その先代が『碁太平記白石噺』に出演して、こともあろうに花魁の宮城野に扮したんです。

案の定、お客が初めからしまいまで笑い通し。それがわざとふざけておかしいんじゃなく、本当におかしいんですよ。当時、評判だった古川ロッパの喜劇よりおかしいという批評があったくらい。

ところがこの『白石噺』というのは悲劇なんですよ。当人は、泣かせるために一生懸命やってるんですが、客は泣くどころの騒ぎじゃない、動きがおかしいといって、宮城野が動くたびにワッとくる。

客のどよめきを見ていて、あたくしは芸というものはこれだと思いました。噺家で、笑わせよう笑わせようと思っている間は、まだ修業が足りないんじゃないでしょうか。どんな噺でも、その人物になり切ってやっていれば、人はそこからあるときはおかしみを、あるときは悲しみを自然に感じとるんじゃないでしょうか。

なにしろ、『白石噺』の悲劇が、喜劇よりおかしいってんですから——。

あたくしの勉強会

あたくしの後援会というか、月一回の勉強会「橘会」をはじめたのはたしか震災後のことで、大正十三年の終わりか十四年頃、芝の三光亭時代だったと思います。その頃、三光亭の定連で、毎晩のように来て、桟敷できいている若いお客がおりました。そのうちに家内や母とも親しくなりまして、いろんなことを話すようになりました。一人は、銀座資生堂の店員だという西村佐吉さん。もう一人は、いつも着物を着ていて骨董屋の店員をしている柴田桂作さんで、二人ともあたくしが好きだというんです。

家内からそんなことを聞いておりましたが、あるとき、早く帰るとまだ中入りの時で、客席へあたくしが顔を出して挨拶をする、そんなことからお互いに知り合って、あたくしが勉強の会をやりたいなどという話から、それなら会員になるからおやんなさいという。

柴田さんから紹介された鈴木栄之亮さんはやはり骨董屋さんだというのですが、お召の着物をきた色白で、どうみても清元か長唄の三味線弾きと思うようなお人でした。この人も会員になってくれて、そうなるともっとふやさなければならず、それ以前から知り合っておりました鏑木清方先生の門下で版画を書く川瀬巴水さんや、また巴水さんからの話で、あたくしの子供時分を知っている伊東深水先生が、あたくしにぜひ会いたいというので、鮫洲のお宅へ巴水さんとうかがったりもしました。

あたくしは昔から無愛想で、客というものはほとんどないので、こういうときはまことに困りましたが、それでもあちらこちらとたのんでやっと四十余名の会員が出来上がりました。

会員一名が二枚ずつの切符の負担で、そのほかはフリーの客をたよるというわけです。第一回は三光亭でした。あたくしは二席で、前座、二ツ目と上げてから一席やり、そのあとへ親父《せんだい》が一席助けてくれて、中入りとしました。そのあとは色物を一人上げて、さいごにあたくしが一席やって終わりとしましたが、今考えてみれば親父の一席助けてくれたのは大変な力だったと思います。

自分の勉強会だからといっても客を飽きさせてしまっては長続きしません。ですから何席だってしゃべりたいのを二席に止めて、あとは自分でも一生懸命勉強をいたしました。

当時新しく演った噺はよくは覚えていませんが、『紺屋高尾』『盃の殿様』ぐらいなものだと思います。『お神酒徳利』『長崎の赤飯《こわめし》』これは当時五代目馬生師に教えてもらいました。しかし、客だって沢山来るわけじゃァない。入金も少ないから、親父には払わないが、色物と前座、二ツ目、それに下座には給金を出さなくちゃならない。それに小さいプログラムと会員券はどうしても出さないといけない。ほんとうはそれに出す金も惜しいんですが、幸いにもその方は資生堂の西村さんが引き受けてくれました。つまり、会社へ出入りしている印刷屋へたのむというわけです。印刷屋は会社の大きな仕事があるので、切符とかプログラムのような小さなものくらいは高の知れたものだから無償でやってくれるというのです。これはありがたいことでした。

その間に三光亭はとうとう廃業をしてしまいました。青山の方の三光亭、これはあたくしが席主で経営していたのですがこれも駄目になり、仕方がないので恵知十《えちじゅう》でやり、また神田花月でもやりました。

この神田花月のころは、大阪の扇遊さんによく出てもらいました。この人の本職は尺八なんですが、長い間に一ぺん位しか吹いたのを見たことがありません。不思議な芸人でした。それに蠅取りの真似をするんですが、これが実に面白い。幾度見てもおかしいんです。

そのほか歌沢小まんさんにも出てもらいました。この人は元柳家小まんといって、三代目小さん師の彼女だということでしたが、唄も上手いし、品のいい人でした。

そのほか、橘会へは立花家橘之助師匠にも一度おねがいしたことがあります。そのころ寄席の方はもう引退しておりましたが頼んだら出て下さいました。あたくしも高座をききましたが、昔ながらの名人芸が衰えていなかったのはさすがでしたね。

近頃頭が悪くなったせいか、この会はあたくしは毎月のように思っていましたがそうではなく、三月に一度か四月に一度だったんです。

もっとも、毎月ではそうそう演りきれず、それに会員もくたぶれるというので間をおいてやっていたんですね。

夏の雑音

明治末期のころでしたかね。夏になると表へ縁台を持ち出して、空にきらきら光る星を見上げて、美しいものだなと思った記憶がありますが、いまの東京ではめったに星なぞは見られなくなりました。

それに当時は、縁日を歩いて虫売りの前へ立つと、さまざまの虫が啼いていたもんです。鈴虫、まつ虫……、ガチャガチャなぞは音が大きくて、なんだか騒々しい虫だなと思っておりましたが、それをまた買って行く人があるんですよ。聞いてみたら泥棒の用心になるんだそうで、ガチャガチャが啼きやむときは人が忍んできたことを知らせるのだというんですが……してみると、人間のほうは夜っぴて眠れないわけですな。

昔の雑音はいまとは違って、うるさい中にもどこか趣きがあったような気がしますね。江戸川橋のそばに江川亭という寄席がありました。二階席になってましてね、客席のうしろが川なんですよ。それに、ちょうどそこが川水に段階がついているんで、滝のような音を立てて水が落ちている。かなり大きな音なんで、初めてその席へ出たときはおどろきましたが、慣れてくればべつにそう気にもならないもんで、かえって情緒がありました。人工的な音とちがって、噺の邪魔になるほどの音ではないんですね。

それから、もう一つの雑音。

あたくしは大正の末期ごろ、青山五丁目で三光亭という寄席を経営したことがありました。ここも江川亭と同じ二階席なんですが、隣りが学校の庭だったんですね。夏から秋にかけて、窓をあけておくので、虫の声が騒がしく、客席まで聞えてくるんですが、やはり、少しも噺の邪魔にはならなかったですね。

モーターや拡声器のように、神経にさわる音とは違い、自然のままの川の音や虫の声はときにより、噺の伴奏となって、えもいわれぬ趣きが出るものですね。

夏の寄席で滝の音、虫すだれ、じつに結構な雑音でございます。

忘れられない正月

落語家の一年中でのかき入れは、というと、正月初席ということになっております。暮れのうちに借金をする、春着もこしらえなければならず、夏のあいだ押せ押せになった借金やら何やかやと一年中のしわ寄せを、全部正月の収入で解決しようという算段ですが……さて、それほどに正月は儲かるのか？

昔は、いまのように放送はなし、お座敷も大真打の限られた人だけで、真打以下になるとやはり、寄席の収入だけが頼りでした。これとても、いまの本牧亭くらいの大きさの席が多かったので、どう詰めても二、三百人、五百人入る席などは大きいほうでした。これを四、五軒かけもちをするんですが、本当に客の来るのは三ガ日だけで、四日目となると少し入りが落ちて、どうやら七草（七日）まではよいのですが、八日以後は、がたっと悪くなってしまうんですよ。あんまりはっきり言うとみっともないから申し上げませんが、儲かると思った正月も、よくよく勘定すれば、さのみの収入じゃないんですな。それをなにか、よほど儲かるように思いこんで……これは落語界ぜんたいがそう思いこんでいたのですから考えてみりゃ滑稽ですよ。

ですから、いかに落語家というのが無算当であるか、無邪気でかつあわれむべきかということを、われながらつくづく感じますよ。

ま、いまの言葉でいえば、落語家と貧乏はワンセットになっていたんですね。また誰もさのみ苦にもしなかったもんですよ。

しかし、いまの若手の人は違います。ずっと利口になっていますよ。

正月といえば、あたくしにとって生涯忘れられないのが終戦の翌年、志ん生さんと二人で迎えた満洲のお正月でしょうねえ。

終戦後、それまで泊まっていた宿屋は追い出されるし、行く先はなし、日本へ帰りたくとも帰ることは出来ない。困っていると、大連の観光協会主任の森岡さんという人が、

「君たちも旅先きでまことに困るだろうから、観光協会の事務所の二階があいているから、自

炊をするならばおいて上げましょう」

と言う。

しめたりというので、「お願いいたします」と、二人がこの事務所の二階へとぐろを巻くことになりました。もちろん、蒲団は借りて敷いていましたが、布製のたためる寝台にあたくし、志ん生さんはソファーに寝ているんですよ。

自炊はあたくしがおかずごしらえ、志ん生さんが飯炊きを受けもち、居候生活です。まァ、それはいいとして、十月、十一月とだんだん寒くなってくる。着るものはシャツを買ってきたりして何とかなるけれど、火鉢だけではどうにもしのげないので、露店でやぐら炬燵を買ってきました。たしか、十四、五円だったと思います。

炬燵と火鉢がそろって、これで何とか寒さは我慢できましたが、物価が毎日、うなぎのぼりに上がっていくんですよ。炭だって、どんどん高くなっていく。けれども、日本と違って零下十度とか十五度になると、その寒さといったらじつに身を切られるようで、炭がなければ生きていられない。大げさのようですが本当なんですよ。

そのうち暮れも押しつまり、いよいよ二十一年の正月を迎えることとあいなりました。その間にも物価はだんだん高くなってくるんです。のし餅一枚でもお安くないし、稼ぎはなし、まことに心細いしだいで……。

すると、家主である森岡さんが、

「元旦は私の家へ来なさい。お雑煮は私の家で祝うように」

というありがたいお言葉。

万事、何事もお家主の言うことが大切と心得、

「ありがとう存じます」

「では、元日の八時にいらっしゃい」

と言うわけですが、観光協会は大連駅前の連鎖街という町にあり、お家主の住所は露西亜町といって歩いて三十分ほどかかるところ。

七時半に立ち出《いで》て、八時におうかがいをすると、まだしんとしている。戸を叩くと、主人の森岡氏が開けてくれました。両人中へ入り、つつしんで新年のご挨拶を申し上げたんですが、主人ははなはだ不愛想、女房どのも同じく不機嫌な顔なんですよ。

変だなあと思いつつ、とにかく二人、妙な具合で座っていると、ご主人が、

「おい、早く一本、酒をつけなさい」

と奥へ声をかけた。すると、

「はい」

と返事をするその声が、やや怒気をふくんでいるんですよ。

やがて一合徳利がはこばれてきました。

三人、猪口で飲みはじめたがたちまち酒はなくなっちゃった。しかし一向に、あとの酒がこないんです。

その代わり、お雑煮が出てきた。

「おい、酒はどうした」

「一本とおっしゃったから一本持ってきました」

「三人に一本でどうするんだ」

「そんなら初めから何本と言ったらいいでしょう」

なんだか変な雲行きになってきたので、志ん生さんと二人、あわてて、

「いえ、もうけっこうです」

「お雑煮をいただきます」

あたくしたちは知りませんでしたが、これは昨夜、夫婦喧嘩をしたんですね。そのあとへ行ったので……いま思い出しても、これはいやなお正月でした。

風狂の芸人たち

奇人・円盛のこと

われわれのほうで、奇人といわれる人は、ずいぶんいますがね。あたくしが子供の時分からおりました円盛《えんせい》という……この人はじつに、形からして背が低くって、太ってて、猪首で、もうそのなりを見ただけで、みんなプッと吹き出すような体つきをしてましてね。始終、安物しか着ない人で、もちろん貧乏ですから着る物ったって、新しいものはとても買えないから、古着屋から買ってくるんですよ。それで紋付きなど着てね、堂々と表を歩いている。

芸人てえのは妙なもんで、人から芸人とみられるのをわりあいにいやがるんですよ、ふつうはね。だから、われわれでも、いまでも、なるべく洋服を着たりなんかして歩くのは、人に顔を見られて知られているのが恥ずかしいというような、そんなところがあるんですね。ところが、中にはそういうことをかえって名誉にこころえてね、人に顔を見てもらって、なるたけ知られたいと願っているのもある。両方あるわけです。

この円盛って人は、その、堂々と「芸人でございます」といって歩きたいような人ですから、かまわず紋付きなんぞ着てね、表を歩いてるんですよ。

ところが仲間はみんな、その人から声をかけられるのをいやがるんですね。なにしろ、ひどい古着ですから、もう布もすっかりくたびれちゃって、見るからにものすごい。顔を見ると、みんな逃げて歩いた。「わーッ、円盛が来たーッ」ってんでね。声をかけられると迷惑なんですな。「あんなやつと知り合いなのか」と思われて、みんながじろじろ見ますからね、きまりが悪いんですよ。

しかし、当人は堂々と電車に乗ったりする。そうして、人がジロジロ見るとね、それは自分がいいから見てるんだというように思い込んでいるんですな。そういうところが少し変わっていましたし、第一、おかしいですよ、ええ。

この人が酒が好きでしてね。あるとき、寄席の帰りに馬肉屋かなんかへ入って飲んだんですね。飲んでおまんまを食べた。そりゃいいんですが、酔眼朦朧《すいがんもうろう》として、それで電車に乗って、満員だから、吊り革へ片手でぶら下がっている。

そうすると、前に女学生みたいなのが二人、腰をかけていたんですが、これが口をおさえてね、まっかになって笑うのを我慢しているんですが、押さえきれずにクスクス笑ってる。当人は平気な顔をしているんですが、そばにいる人が見かねて、「あなた、袖にしゃもじがくっついていますよ」って、教えてくれたんですよ。

それで、ヒョッと見るとね、馬肉屋にいる間に転んだかどうかして、袖の内側にご飯をよそうしゃもじがくっついているんです。それで、くっついたのを知らずに電車に乗っかった。

「ああ、どうもありがとうございます」って、ヒョイとしゃもじを取ったら、羽織がしゃもじなりに抜けちゃったってんで……。もう車内は笑いの渦ですよ。

かなり年数をくってる羽織ですからね。だから布の弾力がなくなっちゃってるんですな。そこにおまんまッ粒がぴったりくっついちゃって、時間がたっているところへしゃもじを取ったもんだから、それなりに丸く、しゃもじなりに抜けちゃったんですね。これなんざ、じつにおかしいですよ。

頭はというと、若い時分から油をゴテゴテくっつけて、なにかこう、油がポタポタたれてきそうなくらい光ってる。じつに不思議な頭でした。

いろんなあだながついてましてね。

その時分には、三遊派と柳派とにわかれていましてね。円盛てえ人は「三遊の大頭」というあだながありました。大頭ってえのは、つまり大幹部のことで、これを指して「三遊の大頭」というんですが、この人は体の割に頭がたいへん大きい。それでそんなあだながあったんです。

柳派のほうへ行ったら、「ああ。あのイカ立ちか」と、こう言う。「イカ立ちって、どういうわけです?」ってったら、「イカが立ち泳ぎをしているような恰好だから」って……。

この人が、外套を古着屋から買って来た。そのころは、インバネスといいましてね。いまじゃ、新派か何かで、古い芝居でないと着ないでしょうが、あたくしたちはみんな着たもんですよ。二枚の布が羽根のように、こう両方に大きく、くっついてましてね。それがふわふわして、衿のボタンをかけておくと、パーッと裾が後ろへはねられるようになっているんです。ま、そんなのをみんな着たわけで、それを買って来たのはいいんですけれども、少し長いんです。背が低いのに、裾が引きずるくらい大きいんですよ。しようがないから裾を詰めた。ずうーっと切ってね。それはいいんですが、外套なんてものは全体をつめなくちゃいけないものなんですよ。上からなにからすっかり寸法を取って、それで全部をつめなきゃ体には合わないんですが、それを下だけ切ったもんだから、ポケットがちょうど膝小僧のところへいっちゃった。物を出したり入れたりするときは、肩をグーッとさげるようにして、しゃがまないと膝の下まで届かない。そういう不思議な外套を着て、堂々と歩いてる。それで「イカ立ち」ってあだながついたんですが、どうもじつに奇人でした。

前にも言った通り、頭の大きな人で、それも帽子屋に行ってもその店では合う帽子がないというほどの大頭なんです。

あるとき、師匠の家へ大掃除の手伝いに行ったら、去年かぶった麦藁帽子があったんですな。もう、ごみの中にほうり出してあるんで、

「師匠、これ、どうするんです?」

「どうするったって、去年かぶったものはもうだめだ。麦藁帽子ってのは、一年一年、みんな新しいのを買うんだから」

「それは勿体ない。まだきれいですから、あたくしにいただけませんか」

「どうせ捨てるんだから、持って行くんなら持ってってもいいよ」

と言ったら、

「さようですか」

ってんで、誰かにやるんだろうと思ったら、そうじゃない。自分がかぶって歩いてる。ところが、頭がでかくて、帽子は小さい。まして麦藁帽子だし、あれはキチッとしてるものなんですよ。しようがないから右の手で持って、頭の上へかざしてね、縁《ふち》をもって歩いてる。その帽子をかぶろうとすれば、どうしても片手がふさがっちゃう。そんな手数のかかるものをかぶらなくったって……そこがなんかこう、おかしいんですねえ。

だからね、普通の人じゃとても出来ないようなことでも、当人は大真面目なんですよ。決してふざけてるんでも何でもない。それで洒落っ気があるかと思うと、洒落もわからないようなことをいう。それが、的がはずれていてね、なんかこう、おかしいんですね。

この男に弟がいて、これがやはり酒が好きで、飲むと酒乱になるんですよ。これが、兄貴のところに金かなにか借りに来たんですな。

「いまないから、貸せないってったら、どうもじつに、酒を飲んでまいりまして、怪しからんやつでございます。あたくしに打ってかかります。あたくしがヒラッと体《たい》をかわしまして、ききき腕を取って、これをポン、と投げました」

「へえ。それじゃお前さん、柔道やるのかい」

って聞いたら、

「いえ、あたくしは芝居をやりましたから、立ち回りで心得ております」

立ち回りで心得てるったってね。そう、うまく、人は投げられない、それが本当なんだか嘘なんだか、わかりませんが、真面目な顔をしてね、そういうところが何とも言えないおかしさでした。

ただこの人には一つ、特技がありましてね。頭が大きいせいでもないんでしょうが、数学は出来たんですね。寄せ算なぞは、算盤なんぞ習ったのかどうか知らないけれど、暗算でやるんですよ。「いくら、いくら、いくら」って読み上げると、「へ、へ、へ」と聞いててね、「へい。いくらでございます」ってんで、それが間違わない。人間、何か取り得はあるもんで……しかし、字はあまり書けなかったようですね。

前座になるとね、楽屋には出物帳てえものがあって、演者の名前を書いて、その上に噺の題名を書かなくちゃいけない。で、円盛が前座をしている時分、出物帳を見たら、名前の上に

「三・五・十五」という数字が書いてあるんですよ。そんな噺はない。

「ちょいと円盛さん、なんだい、この三・五・十五ってえのは……」

「へえ。それは『山号寺号』でございます」

って……。

『山号寺号』って噺の題名なんです。これなんぞは、じつにうまい洒落ですよ。

この人がまた、たいへんな見栄坊で、どこで会っても、

「円盛さん、どこへ行くの」ってえと、

「へい。これからお座敷へまいります」

っていう。

お座敷なんてえのは、その時分はごく上の上でなければないんですよ。もちろん行けば、お茶屋です。で、円盛はその一流のお茶屋の名前をいうんですが、誰がそんなやつ呼ぶもんですか。だけど、そういう見栄を張るんですよ。

寄席へ来るとね。楽屋で、「すみませんが、ひとつ、これを細かいのに取りかえて下さい」って、十円札を出すんです。誰か持ってる人がありますからね。そのお札を取りかえてやるんですよ。そうすると、「どうもありがとうございます」ってんで、それでね、木戸のところへ

行って、「すみませんが、これをひとつ、十円札と取りかえていただけませんか」って、細かいお銭《あし》をそこでまた十円札と取りかえてもらう。そんな面倒くさいことをしなくてもよさそうなものなのに、金があるってえところを見せたいというんでしょうかね。おそろしく見栄っ張りの男でした。

その代わり、偉いところといったらね、決して愚痴をこぼさないことでした。どんなに悪くっても何かやはり、見栄を張ってね。そういうところが昔の芸人らしいですよ。

そのころの芸人はね、やれ、これじゃ食えないとか、困ったとか、愚痴をこぼさないでね、金がなくてもあるような顔をしていなくちゃいけない……というような風潮でした。ところがどうもね、なきゃやっぱりね、景気のいいことも言えないし……。

だが、この円盛という人は、何がなくても決して愚痴をこぼしたことがなかったんで、そういうところは偉い人でした。

この人が踊りを踊るんですよ。噺をして、そのあとで音曲をやって、踊りを踊るんですが、それが器用なようで、何ともいえない不思議な形をして踊るんです。これはもう、お客様よりも楽屋のほうで楽しみにしていてね、「円盛が踊るんだ」ってえと、みんな集まってきてね、見るんですよ。その踊りってのが何とも変てこな、おかしな恰好をして踊るんですが、当人は大真面目なんですね。あっぱれ、うまいつもりでやってるんですよ。いつか横浜の席だったかどこかで、何か踊ってね、それがお客様に大受けしたんで、当人も大喜び。「じゃ、おあとはかっぽれを」ってんで、紋付きをさっと脱いだ。よせばいいのに襦袢になった。ところが、この襦袢なるものが、胴が印絆纏で、そこへメリヤスかなにかの袖をくっつけておいたのを当人は夢中になって忘れちゃっていたんですな。その珍妙な恰好といったら……楽屋はもちろん、お客様がひっくり返って笑っちゃった。

席亭が怒りましてね。

「そんな、みっともない者なんぞ高座へ上げられねえ」

って……。

そういう不思議な男でした。

外套を買いたてのときなんぞ、これを着たまんま高座へ上がって、席亭が、

「外套なんてものは、表で着るもんで、高座で着るなんてのはお客様に失礼なことなんだ。何故、そんなことをするんだ」

って言ったら、

「いいえ、まだこれは買ったばかりでございます」

と言ったてえますが……。買ったばかりったってあなた、外套は外套ですよ。高座へ着て上

がるもんじゃない。それを買いたてだからと、真面目な顔していうところが、やっぱり奇人なんでしょうねえ。

いつでしたか、向島の百花園でお花見どきに、芸人が集まって観桜会をやりました。みんな仮装をしましてね。

そのとき、この円盛が島田の鬘《かつら》をかぶって、お化粧をして、『野崎まいり』のお染みたいな恰好で、しゃなりしゃなりと歩いてる。それはいいが、形はおかしいし、顔のつくりは変テコだし、どうしてもお猿なんですよ。

全員集まって記念写真を撮ったんですが、真ん中にいた円盛が、いちばん前へ出てきて、おもむろにポーズをとった。そうすると、前座の一人が、

「どう見ても猿芝居だから」

ってんで、どこからか麻縄を持ってきて、円盛の腰へしばりつけちゃった。

円盛が怒りましてねえ。

「けしからん。あたくしを縄つきにいたしました」

なに、縄つきじゃない。

片っ方はお猿のつもりで、お猿だから縄をつけとかなきゃいけないってんで、しゃれにやっ

たんですがね。

まあ、そういうような、仲間からも「奇人だ」って言われたぐらい不思議なのがいましたが、そういう人もいまはだんだん少なくなりました。やはり、時代でございますかねえ。

名人・円喬のこと

なんでもそうでしょうが、名狂言でも名優がやらなきゃ生きませんね。「これは、じつに良い作ですよ」ったって、演ずる俳優さんが悪いてえと生きない。六代目菊五郎がやるとか、先代吉右衛門がやるとかってえと作者も気がつかないでいたような、「あれッ」というようなところが出てくる。俳優の工夫で生きるところが出てくるもんです。

噺でも同じことがいえるんですね。『文七元結』はおやじの、先代円生が非常に得意にしていまして、長兵衛なんぞあたくしの及びもつかないうまさでした。

そういううまい人の芸を聞いたということ、見たということが芸人にとってどのくらい幸せになっているかわかりません。

桂文楽さんなんかともよく言ったもんです。

円朝の高弟であった橘家円喬がいかにうまかったか。うまい人ってえと円喬さんの話が出て、

「お互いに幸せだねえ。ああいううまい人の噺を聞いたっていうことは……」

よくそう言って話しました。

これはいまの人に話をしたってわからないでしょうね。

「円喬さんは、こういうふうにうまい人だったんだよ」

「へえ、そうですか。なるほど」

っていうだけね。納得がいかない。

いまも円喬さんのレコードが残っています。当時のことですから、二分半くらいで、掛けるのは、もちろん蓄音機というやつ。

そのころはラッパが上からさがっていて、それへ向かってしゃべる。上を向いてしゃべるんですからね、やりにくいですよ。声の出方も違ってきますしね。技師は、その時分外人で、いくどもテストされる。いい加減くたびれてきたころやっと本番ですからね。円喬さんのも残ってますが、かすかに声が聞こえる程度で、これじゃしようがない。

あたくしどもは実物を知ってますから、「ああ、懐かしいな」と思って、レコードを聞いていますが、若い人に聞かせると、

「これが名人なんですか」と言う。

「そうだよ」

「そうですかねえ。あたしたち聞いて、あんまりうまいと思いませんがねえ」

それは仕方がないってんですよ。わずか二分半ぐらいで、かすかな声じゃね。名人か名人でないか、そんなことはわかりっこないですよ。いまのように、少なくとも三十分くらいのものでも残っていたらたいしたもんだろうと思いますがね。

うちの弟子なんぞが聞いて、

「たいしたことはない。うちの師匠のほうがうまい」

ってえから、

「冗談いっちゃいけない。本物を聞いた日にゃァたまらないよ、われわれはもう、噺家をよそうと思ったくらいだ」

って言いますがね。

まったく、将来こんなにうまくなれるだろうかと思って悲観したくらいですよ。

円喬師については、あたくしには思い出があるんですよ。

師匠の噺を聞いて子供ながらにうまいと思いましたのは『柳の馬場』という噺でした。

ある按摩が馬に乗ってやってくる。柳の木で顔をザラザラッとなでられるとびっくりして、ハッと柳の木へぶら下がるんです。馬はサッと向こうへ行っちゃう。それで柳の木へぶら下が

っていると、殿様が来て、笑いながら、

「モク市、手をはなすな。その下は何丈とも知れぬ谷間だぞ」

と言われたときの、ハッとした按摩の真剣な顔ったらなかった。

何かのはずみで馬が行っちゃって、自分だけが柳にぶら下がっている。その下は深い谷底だという――。

「助けてくれ」

と言っても、

「助けようがないから、死ね」

と言われる。

それで、覚悟をきめて、パッと手をはなすと、足と地面《じべた》の間が三寸（約十センチ）で、ハッとしたと同時におかしいという……。

それで、お辞儀をしておりてくるんですが、何度聞いても、本当に按摩がぶら下がっているように思えてなりませんでした。

いい芸というのは何年たっても、その人とともに、生涯忘れられないものですね。

一柳斎柳一のこと

あたくしにも若いときはありました。しかし、なんてんですか、潑剌たる青年というんではなく、自体が陰気なんですかね。本が好きで、どこでも本を読んで……まあ、おとなしいほうでしたね。

「なにがいちばん好きだ？」

って聞かれたことがある、楽屋でね。

「うーん……何が好きだって……」

「いや、君がいちばんしたいと思う……どういうことがいいんだ？」

「そうですね。静かなお寺で、お香かなにかの匂いをかいで、静かに本を読んでいたい」

そう言ったら、「ああ、この子は長生きはしない」って言われましたが、どうも、そういうふうな、なんかこう陰気なほうでしたですね。だから友達っていうのも、若いのにあんまり、いなかったんですよ。その代わり、ふつうじゃ近づきにくいような年寄りを選んで、あたくしは割合、そういうところへ行ってましたね。

そういうとこはね、行けばそりゃ窮屈ですよ。膝もくずせないで、きちんと座ってなきゃならない。けれども、年寄りなんかと話をしていると、自分で得るところがあるんですね。いろんなことを教えてもらえる。それでまあ、そういうお爺さんのところへ、よくたずねて行って、「この子は変わっているね」って言われたもんですよ。

薬研堀に、市場という苗字で、有名な洒落本書きの孫にあたる人、孫ったって、その時分でもう六十いくつのお爺さんでしたが……。こっちは十八、九で、よくそこへ行きました。そこの伜が、あたくしより七、八つ上なんですけど、

「お父っつァん、友達が来たよ」

って奥へ声をかけるんですよ。

ふつうだったら、伜とつき合いそうなものなのに、お父っつァんの友達が来たよって……。そうすると、

「おう。こっちィおいで」

ってんで、向こうでもたいへん可愛がってくれて、昔の両国の話だとか、そのほかいろいろな面白いことを聞かしてくれるわけで、あたしくもそこで自然とものをおぼえるんですね。噺をする上で、そういう古いことを知っておくってことは、たいへん得なことですよ。

芸界では、一柳斎柳一という、どっちから読んでも、一柳斎柳一。そういう名前で、皿をまわしたりなんかする曲芸師がおりました。

この人がね、たいへんな物知りなんですよ。亡くなったのは、昭和の初めごろ、たしか二、三年ごろでしたかねえ……いや、もっと生きてましたかな。

無愛想な顔をしている人でしてね。いちばん初めに会ったときに、挨拶がおかしいんですよ。あたくしが、そうですね、やっぱり十七、八のとき、楽屋で会ったんです。

「おい、少しおれンとこへ遊びに来いよ」

開口いちばん、こう言うんです。

「お前、少し利口にしてやるから」

「おじさん、そんなに利口なのかい」

ったら、

「そんなこと聞くもんじゃねえ」

って、こうなんです。それが初対面の挨拶なんですよ。

先代の小さん――四代目の小さんですが、あの人が、まだ馬楽時代でしたかね。あたくしに、

「あの人とつき合ってるといいよ。いろんなことを教えてくれるし、気に入るといろんな本なんぞくれたりするから、つき合ってるといいよ」

なんて言ってました。

それでね、みんな「先生、先生」って、そう言ってるんですよ、皿まわしくらいで……。いまは、安直にね、師匠だとか、先生なんて言葉を使いますが、昔は、楽屋うちでも規律が厳しゅうございましてね。師匠と言われる人は、もちろん真打になった人じゃないと言わないし、それから曲芸だとか、手妻だとか、また色ものといいまして、噺以外の演芸に出ている人は、たいてい「誰それさん」って、名前を呼びます。ですから、柳一のような人に先生という敬称を使うのは、よほど芸がすぐれている人でないと言わないんですよ。

だから、何だ、こんな皿まわしなんかに先生なんて、大げさだな、とあたしゃ、はじめそう思ったんですよ。

そのうち、家まで遊びに行くようになりました。

あたくしのおやじがね、まだ生きていて、

「お前、よく遊びに行くが、どこへ行くんだ」

「柳一っつァんとこへ行くんだ」

「へんなもんとつき合ってるなあ」

って、おやじも呆れ返っていましたが……。

この人が物知りっていうのは本当で、何でもいちいち説明をして、ものを教えてくれる。そ

れでわからないことがあって聞き返すと、それが自分の知らないことだと、

「そりゃ、おれは知らない」

と言うんです。非常に正直なんですね。

「知りたいかい？」

「おぼえておきたい」

「じゃ、一日待ちな」

ってね。辞典かなんかで調べるんでしょうね。いい加減なことを絶対言わない人でね、その点、あたくしは信用しておりました。

あとになって、なるほど先生って言うはずだな、と思ったのは、この人は前にも言った通り皿をまわすのが商売でしたが、じつにこれが名人でしたね。

曲芸ですからね、ひやっとしたり、やりそこなうことは、舞台の上でよくあるんですよ。ところが、この人がやりそこなったってのは、一度も見たことがない。それだけ、つまり修業をつんでいたわけですね。

しかも恐れ入ったことには、曲を「これでやってくれ」って注文して、その曲をどんなに早く弾こうと、遅く弾こうと、手順の決まっている皿まわしを、その曲いっぱいに合わせるんですよ。踊りと同じように、曲が終わると同時に皿もまわし終えて、ちゃあんとお辞儀をするん

です。これが、曲の早い遅いにかかわらず、ピタッと合わせる。そんな曲芸師は、ほかにはいないわけで、これには心底びっくりしました。

それから、この人に教えてもらって、いまだにありがたいと思いますのは、われわれは舞台へ出るときに、出の三味線というものを弾きます。お囃子ですね。あれは曲名が決まっていまして、どこからどこまでが一区切りになるってこと、これはわかっているんです。

ところが、どの噺家でも、いい加減にあがって、中途半端なところで座布団に座ってお辞儀をして、プツンと切っちまう。

そしたら、教えてくれましてね、その人が。

「あの、曲目の途中でお辞儀するってえことはね、その曲を知っている人には、まことにいやなもんだ。中途半端なところでおしまいになる。だから、ここで高座へ上がって座って、お辞儀をするのにいっぱいだってところをちゃんと見はからって、上がってって、曲目いっぱいで、お辞儀をしたほうがいいんだよ」

って……。

それからというもの、あたくしは高座へ出るときは、自分で上がりの三味線を聞いて出てって、曲の終わりにちょうどお辞儀が終わる、というように練習しました。そのうちに、自然にもう、そう慣らされてしまったんですね。そんなことはもうなんでもないことだと思っていました。

ところが、新派の花柳章太郎さんが「三十日会」という落語会にみえましてね。そのときは新宿の末広だったんですが、客席は立錐の余地もない。

「どうしよう。いま来たんだけど、入れないかな」

「まあまあ、楽屋でよろしかったら、聞いて下さい」

「はあ、結構です。楽屋でもなんでもいいから聞かして下さい」

と言って、四、五人つれて、お囃子の脇のところへ並んで聞いていたんですね。

そしてあたくしが、三番目か四番目だったか、上がったんですよ。お囃子を弾きはじめて、ひょっと出ようと思ったら、まだ早いから袖で待っていたんです。

そしたら花柳さんが、じいっと、あたくしを見てましたがね。

それがあとで、これも亡くなりました正岡容《いるる》先生のところへ、花柳さんが手紙をよこして、

（この間、三十日会を聞きに行ったが、みんなちゃんと、克明に一席ずつやってくれて、熱演してじつに面白かった。しかし、それよりおどろいたのは、円生さんが高座へあがるときに、あがりかけてちょっと待っていたから、何をしているのかと私は不思議に思った。そしたら、間をとってあがってって、曲目いっぱいにお辞儀をした。これには私は、実に

おどろいた。前から見ていたら、絶対わからないことだけれども、円生さんはちゃんと待って、そして鳴りものいっぱいでお辞儀をした。これは俳優も大いに学ぶべきことで、やはり曲目いっぱいに使って、役者も出るということを心がけなくちゃならない）ってんですよ……これは、あたくしが偉いんでもなんでもないんで、つまり、その柳一という人から教えられたことを守っているだけなんですよ。ですから、やはり、何か一芸に秀でる人ってえのは、いいことを教えてくれるもんだと思います。

この人は、ただの皿まわしだけでなく、手妻、奇術、これも相当出来るし、それから記憶術てえのをやりました。これがまた、じつにたいしたもので、七十ぐらいまで出来たそうです。われわれ噺家は、教えてもらうとき、師匠の前で噺の稽古をしますが、そのときばかりでなく、楽屋ででも、ちょいちょいとしゃべってることを聞きのがさず、さっと、おのれの記憶にとどめておくべきだと思いますね。ただの無駄話だと思って、あははと笑ってしまえばそれでおしまいだけれども、やはり、自分の芸に関することはよく注意をすることですね。

話を聞くの、あたくしは好きですから人の話をよく聞いておりましたが、いまの若い人はちっとも聞かない。いくらやかましく言っても聞いていないんですね。なんか注意力がない。やっぱり、どんなつまらないことでも記憶にとどめておき、自分の役に立てようと思わなくっちゃいけないんじゃないですかね。

ですから、友達はそりゃあ、いいのとつき合わなくちゃいけない。悪いのとつき合ってますとね、悪い感化ばかりうけますからね。

若い時分には、楽屋うちで、サイコロなんぞをころがして、よく博奕なんぞをやってましたがね、あたくしなぞは絶対、ああいうことはやらない。自分もあまり勝負ごとは好かないんでしょうね。好きならやるんでしょうけど、すぐ飽きてしまうんですね。いっぺん、みんなでやったことはありますよ。あるけれども、すぐ飽きちゃう。

それから、ああいうものに夢中になると、その人の料簡がわかるってえますからね。だから、人に腹を見られるので、危ないから、これはやらないほうがいいってんで……。

一度、あたくしがキツネという賭けをしていて、そこへ五銭、張ったことがあるんですよ。

「あたしゃなんだよ、五銭、この一へ張ったよ」

と言ったら、

「なに言ってやがんだ。それはおれのだ」

って、目の色変えてね。そばにいた人が、サーッと全部持ってっちゃったんですよ。

それを見て、あたくしは考えてね。こんな子供の金を、たった五銭のゼニをね、いい年をした大人が目の色変えて持って行くとは……なるほど、博奕なんぞするもんじゃないなってね。

あたくしは、子供のときにもう、博奕のこわさを悟ったんですな。賭けごとなんぞを夢中になってやってれば、結局末はろくなことにはなりませんからね。

名人・神田伯山のこと

講釈の初代神田伯山、この先生は『天一坊』という噺をこしらえまして、大名人といわれた人でございます。

伯山は天一坊で蔵を建て

という川柳ができた。本当に蔵を建てたんです。いまと違い、昔は蔵を建てるということは、相当なお金もかかり、金持ちの者でないと出来なかったんだそうですが、初代伯山は本当に天一坊だというんで、お客様が割れるように入ったということです。

なんと、弟子が八十何人あったというんですが、その弟子の中でいちばん末席になる人がまだ十四、五歳のころ。

小僧小僧といわれていたこの人が、お供をして、師匠の席へ行きました。はねてからの帰りがけ、冬のことでピューピュー北風が吹いて寒い。そば屋があるのを見て、

「おい、そばを食おう」

「へい」

ありがたいなと思った。なにしろあなた、寒い時分ですからね。熱いかけでもやったらからだは暖まるし、お腹もすいているから、こりゃありがたいと思って、そば屋へ入ると、

「お酒を一本とね、天ぷらそばを一つ」

それっきり。あとは何にも言わないんです。

やがて、あつらえ物がくると、手酌で飲みながら、ときどきおそばを……。

「うん、この家は、汁もいいし……うめえな。海老もいいのを使ってる。うまいな」

ちびちびやっては、そばを食っている。

小僧のほうは、そばで匂いだけかがされているんですからね、こりゃたまらない。そして、それでおしまいなんですね。

自分で食っちまうと、「おい、いくらだい」と言って、勘定を払って表へ出る。

「あそこの家は、なかなかいい酒を使っているな。天ぷらもいいし、そばもいい。これから、ちょいちょい食おう。小僧、お前そばを食いたいか」

食いたいかったって、食いたいですよ。年齢は若いし、腹は減ってるし、寒くはあるし……。

「へい」

と言ったら、

「そうか。そばを食いたいか。食いたかったら芸を勉強しなよ」

それで帰る。師匠の家へ送り届けて、すっかり用をすませて自分の家へ帰ったのが、もう明方の三時ごろ。

おっ母さんは亡くなっており、お父っつァんと二人ぐらし。お父っつァんが目をさまして、

「ああ、帰ったのかい。火鉢を、なにしてな、火は下にどっさり埋《い》かっているから、お湯も熱いだろう。早くめしを食いな」

と、すっかりお膳ごしらえをしておいてくれている。

親というのはありがたいもんで、伜が帰るとこうして食事の仕度をしておいてくれる。それに引きかえ、あの先生は何だろう、なんの情けもないんだ。あんな不人情な先生はもうつくづくいやになった――。

そう思うと腹の中が煮えくり返り、食事がすんだあとで、

「ねえ、お父っつァん。おれはね、講釈師をやめるよ」

「急にやめるなんて、どうした。お前、どうしても講釈師になりたかったんじゃないのか。お父っつァんは初めはいけないといったんだが、お前が何としてもなりたいというから、仕方なしにあの先生にお願いして弟子にしていただいたんだが、それをどうしたんだ」

「だけどねえ、考えてみると、あんな不人情な先生にはもうついていかれない」

「不人情な先生って、何かあったのか」

「じつは、これこれこういうわけで、自分だけは『うめえ、うめえ』と言って、表へ出て『そばを食いてえか』というから『へえ、いただきたい』といったら、『そばを食いたけりゃ、芸を勉強しろ』って言うんです。かけの一杯ぐらい、いくら取られるってんです。あの先生は金がないんじゃない。金はくさるほど持っていながら、そば一杯食わせないけちな先生には、あたくしはとてもついちゃいけないから、今日限りやめます」

じっと聞いていたお父っつァんが、パッとはね起きると、師匠の家のほうへ両手をついて、

「先生、どうもありがとうございます。よく伜をはげまして下さいました。どうかこの上ともよろしくお願いいたします」

と、独り言をいってお辞儀をしている。

「何をしているんだい」

「お前、講釈をやめたい、先生は慈悲がないといったな。それはとんだ見当違いだ。お前をよくしようと思うからこそ、先生はそうおっしゃった。かけそばを一杯食わせる、先生はそんなことはよくわかっている。しかし、お前にわざと食わせなかったのは、他人《ひと》の銭でおごってもらおうなんて、そんなけちな料簡を出すなよ。食いたけりゃ一生懸命勉強して、早く一人前の芸人になれ。そうすれば、二十杯でも三十杯でもてめえの銭でいくらでも食えるんだ。それだ

けの腕になってみろ、とはげまして下さっているんだ。それをやめるなんてとんだ料簡違いだ。お前がその料簡を改めないんなら、今日限りさっさと出て行け」

「お父っつァん、すいません。おれの考え違いがよくわかりました。これから心を入れかえて、一生懸命やりますから」

お父っつァんの言ったことを肝に銘じたこの小僧は、一心不乱に勉強しました。そして、兄弟子が八十何人いたのを飛びこして、末弟子でありながら二代目の神田伯山を継いだといいます。

のちにこの人は、神田松鯉となりました。これは読み方によりまして、神田松鯉《まつり》になります。神田祭りをもじった洒落で、しょうりとなったんでしょう。

この人が二代目。次の三代目の神田伯山は『清水次郎長』という噺をこしらえまして、たいへんな人気を得ました。

あたくしは、二代目の先生も、三代目の伯山さんも存じていますが、とにかくたいした名人でございました。人に偉いとか、うまいとか言われるには、それだけ並々ならぬ苦労をしているわけで、そこでぐれてしまう者もありましょうし、発奮すればその道で名をなすことも出来るのですね。

一龍斎貞山のこと

講談の七代目・一龍斎貞山といえば天下御免の怪談児。貞鏡といった時分から長年やりつけたものだけに、この人の怪談はなかなか堂に入ったものですが、若いころにはずいぶん失敗談がありました。

怪談の実演をやっていて、電気が消えるときに消えなかったり、ヒューードロドロ……「うらめしやァ」ってときに、ぱっと電気がついて、お化けが丸見えになったり……こりゃあ後見の失敗ですが、こんなことはしょっ中でした。

深川の永花亭で演ったとき、途中寄り道をしたので煙幕を持ってくるのを忘れてしまった。困ったなと思っていると、ちょうど夜店の花火屋が出ていたので、これを買って楽屋に入りました。

ところが、いよいよその場になり、煙幕に火をつけ、かつらをかぶってドロドロと出たのはいいんですが、シューーッと音がする。まずいなと思っているうちに、こいつにかんしゃく玉が入っていて、ドカンと爆発した。

いや、そのときの先生の驚きようったら……いきなり前の囲《かこい》をけとばした。これが客席にひっくりかえる。客が「痛いッ」と大声をあげる。お化けは、アチチチって駆けまわる。お化けが火傷したってのはあまり聞いたことがない。貞山がはじめてでしょう。

それからある夏のこと。神田の立花亭で怪談をやりました。前半は講談で十分凄みをきかして、女を殺すところをやり、いよいよ最高潮に達したとき、貞山先生、自身かつらをかぶって幽霊になり、見台の下にとりつけてある電気で、パッパッと、かすかにその姿を見せる。もちろん、場内は真っ暗。そのうちにそっと客席へおりて、突然客の間へ、ぬうッと出たんで……キャーッという悲鳴。

まさか舞台にいる幽霊が自分のそばへ出るとは思わないから、これは誰でも驚きますよ。

それにこの幽霊、男やお婆さんには寄りつかない。若い婦人のそばへばかり出たがるんですな。なかなか色っぽい幽霊で、若い婦人の、キャーッという悲鳴を楽しみに、先生、毎晩客を怖がらせていたんです。

ある晩、いつもの通り、暗くなって、どこへ出てやろうと物色していると、ちょうど客席の中ほどに、粋な婦人が怖そうに身をちぢめてきいているのが目に入りました。よし、あそこにしようと、例の如く場内を真っ暗にしてから、お化け用の入れ歯をはめると、客席へおりていって、片面生々しい血を流したもの凄い顔を、パッと懐中電燈の青い光で照らしながら、「オーウ」と異様な声を出した。キャーッと言うだろうと思ったら、相手は「あッ」と言ったきり、声が出ない。のみならず、あまりの怖さに、思わず持っていた蛇の目の傘で幽霊の横っ面をひっぱたいた。

キャーッといったのは幽霊のほうで、とたんに入れ歯がはずれて落っこった。なにしろ特製の入れ歯ですから代わりはないし、高価《たか》いものですから、痛いのを我慢して一生懸命懐中電燈で入れ歯を探しまわっている。すると足元がくるくる光るもんですから、よけいに驚いて、婦人はまた夢中になってひっぱたくという……かつらは曲がるし、もうだめかと思ったそうです。

幽霊といえば、円山応挙の描いた幽霊を見たことがありますが、美人で、何ともいえない品格がある。見たところそう怖くはないんですが、ずっと見ているとだんだん凄みが出てくるんです。

あたくしが、

「幽霊はやっぱり美人に限るね」

っていうと、貞山、

「そう、美人でなくちゃ。美人は冷めたいですからねえ。それにひきかえ、うちの嬶ァなんか暖《あつた》かいや」

立花家橘之助のこと

山田五十鈴さんが芸術祭大賞を受賞されました。本当に結構なことでした。芸術座で上演された、『たぬき』の演技により受賞されたんですが、じつはこの芝居、あたくしも「考証」というお役目で、スタッフの一人だものですから悪い気持ではありません。

山田さんのなさった主人公の、立花家橘之助という人は、明治、大正、昭和にかけて鳴らした音曲の名人で、男まさりの大師匠大真打でした。

あたくしは十一、二の時分、この師匠に二度、ほうびをもらったことがあるんです。

一度は師匠の商売道具の三味線をていねいに扱って片づけたとき。もう一回は師匠の前に高座にあがって噺だけで音曲を演《や》らずにおりたときでした。音曲の大師匠の前で妙な芸を子供が演ってもおかしいからやめたんですが、「気のきく坊やだ」って、二回とも二十銭銀貨の大きなのをくれました。

当時としてみれば、これはたいした受賞でした。

いまでいえば新しい女っていうか、芸が勝負なんだから男の芸人とも同格だよ、といった気分で通していましたし、ほかの連中も陰ではなにかいっても、面と向かったら小さくなっていたものです。

しかし、あれだけの大真打でもやはり女なんですね。年をとってきたら芸だけじゃそう客を呼べなくなって、どこの席も真打としては声をかけなくなってしまった。ちょっと唄える若い女の子と組んだりすれば男も騒ぐし、席も喜んで出すんでしょうが、橘之助師匠としてはそれが気に入らない。それだけ腕に自信があったんですね。それでとうとう引退してしまいました。

それから数年後でしたか、大看板の噺家がそろった会がありまして、そのとき無理に出ていただいたことがありましたが、高座を聞くと昔ながらの名人芸で、そのうまさったら、しばらくやめていた人とはとても思えませんでした。

そうしたら、お客の何人かが聞くんですよ。

「うまい人だねえ。あの人は芸人だよ。何ていう名前なの」

……寂しくなりましたね。もう忘れられていたんです。女は年はとりたくない。

そこへいくと男はありがたいですな。つるつるに禿げようと、芸さえ出来りゃ死ぬまでつとまるんですから。

玉乗り遊六のこと

初代三遊亭円遊の弟子で、俗に玉乗りの遊六といった人がありました。

噺はそれほどうまくないが、あとで余興に百面相をやり、最後に浅草公園の「江川の玉乗り」の物真似をやるんです。

大きな玉の上へ少女が乗ってさまざまの芸をする。いまでいうとサーカスですが、この真似をするわけで、黒い繻子の布でこしらえた唐人髷のかつらをかぶり、足袋を半分に切って、指先のほうに芯を入れたものを膝のところへ結わえつけ、肩から膝までの丈の衣裳を作り、これを着て客のほうへ向いて膝で歩いて出てくると、小さな人間が歩いているように見える。色の黒い、鼻があぐらをかいた顔にかつらをかぶったところは、見た人がかならず、ぷっと吹きだすおかしさで、

「お目とまりますれば、玉の上にとっかからせます」

と、自分で口上を言って、いよいよ玉に乗る……のですが、本物の玉ではなく、昔、人力車の車夫がかぶった饅頭笠という、上が丸くなっている笠を、膝につけた足袋の下へ糸でぶら下げると、ちょうど玉に乗っているように見える。そこで『四丁目《しちょうめ》』という三味線を弾かせて、小きざみにチョコチョコ歩くというんですが……いい年をした爺さんが、少女の衣裳で、まじめな顔でこの玉乗りの真似をやっているところは、じつにおかしかったものです。

三味線につれてうしろ向きになると、これが着物の裾を帯へはさんだだけの前側の衣裳で、後ろは紋付きの着物ですから、これを見てお客様はまたどっと笑う——。

ふだんはごくまじめな人で、日蓮宗の信者なので旅へ出ても朝早く起きて一時間ぐらいはお経をあげるという信心家でした。人助けに脚気の灸をすえますが、あたくしも一度すえてもらったことがあります。

これはまず、敷居のところへ立って足の指の下に附木《つけぎ》をおきます。いまはありませんが、昔、あかりをつけるときに必要だったもので、薄い木なんですが、その上に足の親指を並べて直立し、親指の先に指一本くらいの間をおいて、もぐさをひとかたまりずつ左右に二個もり上げて火をつける。それで燃えている間お経をとなえるんですが、その熱いのなんの、離れているのにじつに熱い。燃え切ると左右の指をいろいろな形にしてしばらく九字を切り、それで終わり。一度すえれば生涯脚気を患わないとのことで、そのおかげですか、あたくしは脚気というものは知りません。

さてこの遊六爺さんが、あたくしの師匠であった品川の橘家円蔵の一座で、岡崎市へ行ったときのことです。

あたくしはまだ十三、四でしたが、〽岡崎女郎衆はよい女郎衆……という唄のように、遊女屋はたいへん盛んなものでした。

老いてますます盛んといいますが、そのころ六十五、六だった遊六爺さんは、若い連中と一緒に出かけて、

「おれの買った女は、年は若いがなかなか親切でよくおれの面倒を見てくれるぜ」

などと楽屋でのろけていましたが、そのうち、楽屋で、

「おい、遊六爺さん、たいへんだよ。おちんこが腫れていたそうだよ」

と、誰となくいい始めたんです。

「おやおや、それはかわいそうに」

一座の者はくすくす笑っているが、遊六爺さん、すっかり元気がなくなり、昼間は床を敷いて寝ているので、あたくしも気の毒に思って見舞ってやろうと、爺さんの部屋へ行き、

「おじさん、具合はどうだい」

と障子をあけると、床の上へ起き上がってむこう向きで、

「エイッ……ウンッ」

と何かやっているので、入って行って、

「どうしたの」

「いや、早く腫れの引くように、今、九字を切っている」

と言いましたが、脚気じゃあるまいし、遊んでけがをして、九字を切っても効き目はなかろうと思いました。

また、三代目神田伯山はまことに威勢のいい人で、『清水次郎長』をあれだけの読み物にした名人ですが、反面、楽屋ではいたずらが好きでしてね。

あるとき横浜へ興行に行くと、弟子の某が病気だという。それでほかの弟子に、

「どうしたんだ、何の病気だ」

「へえ、瘖瘡《かんそう》で……それもだいぶん性の悪いもので、たいへん腫れ上がっているんです」

と言う。

瘖瘡ってのは、性病の一種でなにが腫れるんですな。これは漢方の言葉なんですがね。

そこで伯山は、弟子のところへ行き、

「どうした」

「へえ、先生。どうも痛くってたまりません」

「どんな具合か、おれに見せろ」

「いやどうも、先生にかようなものを……」

と言ったが、やがておそるおそる伯山の前へご披露したかのものは、びいどろの如く腫れ上がって見るも無惨な姿。

じっと見ていた伯山、

「痛いか」

「へえ」

「ずいぶん腫れたな。うーん」

言うなり、いきなり腫れ上がったところを人さし指でピンとはじいたからたまらない。ただでさえ痛いところをはじかれて、弟子はとび上がり、涙を流しながら、

「わたしは東京へ帰ります。かような無慈悲な先生とは思いませんでした」
と言われて、結局伯山は金を出してその弟子に謝りました。
あとで伯山いわく、
「あんな高いはじき賃は、はじめて出した」

しゃべり殺された潮花

三代目の潮花。初代、二代目ともなかなかの大家でございまして、二代目の弟子で花柳《かりゅう》といったこの人が大阪のほうへ十年ばかり行っていましたが東京へ帰ってきた。そして師匠が死んだので三代目潮花となりました。

この潮花が席をつとめるようになりましたが、番付を見ると、自分の前に上がるのが邑井《むらい》一《はじめ》という世話物を得意とする名人。あとへ上がるのが、柴田南玉《しばたなんぎょく》という、これも当時講釈仲間ではうまい、名人だといわれた偉い先生。

この邑井先生は、昼間怪談を演っても、お客がゾォーッとしたというほどの名人でしたが、これはあたくしも経験がございましてね。

落語研究会で、初代円右という師匠が、『真景累ケ淵』を演っているのを、高座のわきで聞いておりましたが、円右師匠が、急に「わあッ」と大きな声を出したときに、ぞっとして、あたくしも思わず飛びあがりました。あんまり怖いから、ついうしろを向いたら、お尻のところに夕日が当たっていました。まだ、午後四時ごろだったんでしょうが、聞いているうちに、昼だか夜だかわからなくなった。真っ暗のように思えたんですね。話術の長《た》けた人にみっちり演られますと、昼間でも総毛立つというのは本当でございます。

この邑井先生の演ったそのあとに、潮花が上がる。ところが、これがあまりお上手ではなかったんですな。あとに柴田南玉がひかえているため、お客様が聞かないわけです。

お客様のほうでは、こんなまずいやつは早く下りて、南玉が上がればいいのに、と思っているところですから、てんで聞かない。

これは読み物が悪いんだろうと思って、取りかえてみたが、だめなんです。三度、四度と取りかえてみたがいけない。

そうでしょう。前後に、名人、上手が上がっている。何としても演れないんですね。

そうして、十一日目くらいにとうとう倒れてしまいました。

そのときの真打が伊藤痴遊。もちろん先代ですが、この先生がトリだった。聞いてみると、潮花が寝込んでしまって、もう出てこないという。打っちゃっておくわけにもいかないから、見舞いに行ったんです。

「どうしたんだい」

と言ったら、うわごとみたいに、

「あんなところへ上げて、ひどいよ。先生、ひどいよ」

と言い続けている。それでとうとう、息を引きとってしまいました。

潮花はしゃべり殺されちゃったんですね。

自分の前後に、うまい人に高座へ上がられるとこりゃもう、たまったもんじゃない。

何ともかんとも、そりゃあ、いいようのない苦しみをする。しかし、それでおいおい、芸が上がってゆくのでございますが……。

金語楼のこと

噺家であたくしよりも先輩といいますと柳家金語楼さんだけですね。文楽、志ん生、柳橋、この人たちはみんな、あたくしより後輩なんです。もっとも、金語楼さんだって高座生活はあたくしより一つ下で七つのときから出ていますから、六歳で出ていたあたくしより高座は後輩ですけれどね。

あたくしが義太夫を語っている時分に彼が噺家になって、金登喜という名前をもらいました。そのうちにあたくしのほうも噺家になっちゃった……。ですから噺家としてはあの人が二年かそこら先輩ですが、高座生活はあたくしのほうが先輩という、なにか妙な関係なんですな。

彼の師匠の二代目金馬は旅興行を続けて、九年間東京を留守にしていました。彼も金登喜から小金馬に名を改めて、ずっと東京にいませんでした。その後、東京に落ち着いて彼も寄席へ出ることになり、あたくしは小円蔵、彼は小金馬、共に落語界の美少年……というほどじゃなかったけれど、でも頭には毛がふさふさと生えていてなかなかの好男子でした。

あたくしのとりもちで、芳町の芸者屋の兄さんに彼がおさまって、そうですね、三年くらいいましたかね。その間兵隊に行き、帰ってからあの兵隊落語ですばらしく売り出しました。子供のときから、金語楼さんは噺そのものはあんまりうまくなかったんです。あたくしも、こんなに人気があって売れるんだから、どこがうまいんだろうと思って、前へまわってじっと聞いたことがありますが、あたくしには、どこがうまいのかわかりませんでした。

やはり、兵隊落語という目先の新しさと、それに何といってもあの人の容貌でしょうね。あの禿げた頭と、何ともいえない愛嬌といったもので人気があったわけですよ。

だから文楽さんやなにか、一時悲観したことがありました。金語楼さんが上がると、それだけで、お客がワーッと笑って拍手喝采なんですよ。あとの者が大車輪でやっても、お客はさほど笑わないんです。文楽さんなぞ、楽屋へ入って来て、ふさいでいました。

だけども、本当の芸ならば、どういう時代になっても、だめになるということはないんですよ。ところが、人気というものは、それが落ちてしまって、今度芸だけになったら、それほどのものじゃない……。金語楼さんも、晩年は東宝名人会なぞに出ていましたが、客はもうそうは笑いませんでした。あれを称してうまいと言った人もありますが、あたくしが聞いたんじゃ、うまくない。失礼だが、やっぱり噺は下手です。

でも彼は自己の才能を存分に生かして、新分野を切りひらいてあれだけの芸人になったんですから立派ですよ。

志ん生のこと

志ん生と一緒に暮らしたのは、昭和二十年の五月、満洲に芸能慰問に行ったときでした。漫才四組に曲芸、新講談の国井紫香（元映画説明）といった一座で、牡丹江のずっと奥にも行きました。ふた月ほど興行して歩いて、さあ、日本へ帰ろうというので新京へたどりつくと、戦さの雲行きが怪しくなっている。当分の間は船も出ないという有様で、しようがないのでしばらくの間、満洲放送の仕事をすることになりました。

そのとき、放送局でアナウンサーをしていらしたのが、森繁久弥さんでした。

志ん生が感心していましたね。

「なんとも器用な男だ。いや、会食のとき、歌をうたったり、即席で何かしゃべったり、こりゃあ芸人だよ。あんた、東京へ帰ったら、すぐにでも寄席へ出られるよ」

なんて、酒を注いでもらっちゃ、志ん生、いい気持になってオダをあげていました。

ところが……やはり出ましたね、あの人。やはり、志ん生の目に狂いはなかったので、酒をふんだんに飲ませてもらえるってんで、それでお追従を言ったわけではなかったんです。

それから大連へ移って、そこで、ニュースと短編映画を前につけて、志ん生と二人で落語をやっていましたが、八月になって終戦を迎えました。それまでずうっと、日本館という宿屋に泊まっていたんですが、とうとう追い出されまして……というのは、こちらは公定価格で泊まっているわけで、ヤミ値で泊まる客がいっぱい押しかけてくるんですよ。宿屋にしてみりゃそっちのほうが儲かるってえわけですが、こちとら行くとこがない。

志ん生と二人、奔走してやっと観光協会の二階にネグラを見つけました。そこの主任さんをちょっと知っていたこともあったんですが、ここがただ、だだっ広いばかりで色気のないことこの上なしというところなんです。

ところが自炊をしなくちゃならない。はなは、志ん生がめしを炊き、あたくしが掃除とおかず作りと、役割を決めたんですが、さてやってみると、志ん生の作るめしは水加減がいいかげんですからね、ろくなもんじゃない。めしも炊けないんですな。当人も、おれっていう男は本当にだめな男だ。不器用で何にもできない——なんて泣き言を言って、結局、あたくしが火をおこすのから、めし炊き、おかず作りまでする羽目になっちゃった。とにかく相手は不器用なんだから喧嘩になりません。

干しがれいを買ってきてくれたときなんぞは、「おれが焼いてくる」って外へ出てったっきり、いつまで経っても戻って来ない。やっと帰ってきたら、空《から》の皿だけ持ってるんです。「どうしたい?」「変な魚だよ。焼いているうちにみんな七輪のやつが食っちゃった」——この干し魚は、サッとあぶって食べるもんで、ゆっくり焼いていると、身がボロボロになって落っこっちゃうんですよ。それをのんきに焼いているから七輪の中へポロポロ……。あっけにとられているうちに魚がいなくなっちまったんで不思議がっていたんですね。

困ったときの相棒として、志ん生はまったく頼りにならない男でした。

その二階で志ん生、ウオツカを六本飲んでひっくり返っちゃったことがある。円生に迷惑ばかりかけるから死ぬつもりだった、なんて、あとでしゃべってますが、なあに嘘ですよ。することがないから、ウオツカをちょびちょび飲んでるうちに六本あけて、ダウンです。そりゃあね、日本酒とはアルコール度が違いますから。ありゃあね、自殺するような、そんなヤワな人間じゃないですよ。そのとき、五十五歳ぐらいじゃなかったですかな。

そうですね、志ん生の芸は五十をすぎてはじめてよくなった、なんて言う人がありますね。つまり、ちょうど満洲へ出かける前です。

巨人の倉田（のちヤクルトで活躍した速球投手）が最近よくなったでしょう、あれと同じですよ。速い球を持っているのに、キメ球がなかった。ピンチになると落ち着かなくなる。ランナーが出るとそわそわする。どうしても完投出来ない。ところが、おれがエースとしてやらなくちゃいけないという心構えがきまってくると、まるで人が変わったようになる――。

志ん生だって、若いときの噺は、セカセカしてて、さっぱり間《ま》がとれない。いまの志ん朝にちょいと似たとこがありますよ。

ところが、われわれの符牒で化けるという言葉がありますが、五十をすぎて、志ん生の芸の幅がパッと開《ひら》いちゃった。なに、もともと才能はあるのに、酒は浴びるように飲む。博奕は打つ、人間はずぼらで、どうしようもなかったが、芸に嘘がありませんでした。言ってみりゃ、志ん生の芸ってのは傷だらけの芸ですね。それでも、傷をおおってまだ余りあるものがあったわけです。

あの人は人間が欠点だらけで、その芸も完璧なものじゃなく、人間描写もいい加減なところがあったんですが、それが小さくかたまらなかったから、いつかその芸がなんともいえない独特の芸風にふくらんでいったんですね。

桂文楽なんてえのは、噺はいつも同じでキチンとしてる。規格正しい芸ですが、あたくしは志ん生のほうが好きでした。

いつだったか、円朝祭のとき、新宿の末広で、志ん生が『中村仲蔵』をやりました。人情噺は下手だといわれていたんですが、あたくしは聞いていて、感心しました。いや、何ともいえず、噺に奥行きがありまして、切れ目切れ目の場面転換がサッとしている。「今日はよかったねえ」とあたくしが言いますと、志ん生は「そうかい」なんて、嬉しそうな顔をしてました。ところが、数ヵ月たって、落語研究会で同じ噺をまた出した。ところが、これがまるでいけない。月とスッポン。とてもじゃないけど、ひどいもんでした。

だから、いいときの志ん生を聞いたお客と、悪いときの噺を聞いたお客とではその印象がまるで違うのも無理からぬところでしょう。それほど芸にムラがあったんですが、そこがまた、いかにも志ん生らしいところです。

あたくしはどちらかといえば几帳面な性格で、志ん生はずぼら、だからまあ、合わないようにみえますが、芸に対する考え方は共通してました。

『文七元結』など、前と後にわけて、あたくしとよく共演しました。名前をあげて悪いが、先代の金馬とやった志ん生が、「ああ、ひでえ目に会った。こりごりしちゃった」とこぼしていましたが、あたくしも金馬とやってみて、一回で降参しました。そんなもんでして、あたくしはこれでも、志ん生とはウマが合っていたんですな。

ただ、志ん生が落語界に入ったとき、名人だった橘家円喬の弟子になったという話は、嘘だと思います。

だって、最初の名前が朝太でしょう。円喬の弟子だったら喬太でなくっちゃいけない。円の字をつけるのは二ツ目以上ですから……このへんがどうも怪しい。小円朝について地方巡業にも行っていますしね。小円朝の弟子なら、朝太という芸名は合いますからね。

志ん生という名前になるまで、そうですね、十五、六回も芸名をかえましたかね。

ドサ回りというか、東京じゃ売れないから、田舎に行ったら何とかなるだろうと思って出ってても、どだい無理な話で、田舎へ行っても、食うや食わずですよ。小銭《こぜに》が入っても、彼はみんな飲んでしまいますからね。それで、一年も二年も留守にして、一文も金を持たず、着たきり雀で帰ってくる。

その間おかみさんのりんさん、四人の子供をかかえて、内職しながらそりゃあひどい苦労をしたんですよ。だって志ん生、旅先から金を送ってくるような人じゃないから……。

まあ、りんさんのような人が、いままでの日本の女性でしてね。だから、志ん生のような、でたらめな人間だっておかみさんの力でなんとか芸を磨くことができたんだろうと思いますね。

そりゃあね、志ん生のような、特異な芸はもうこれからは生まれないでしょうが、そういった芸を蔭で育ててくれるような、自分を捨てて尽す古い型の日本女性だってこれからは出てきやしませんよ。

志ん生の話が、聞くたんびに変わるというのも、あの人の芸風ですが、マクラが面白かったという人が多いですね。それは、これもマクラの名人といわれた三語楼の弟子になって教わっていたせいでしょう。そのときの芸名が甚語楼でした。だから、落語にかけちゃ、ずぼらなようでたいへん勉強家だったことがわかるでしょう。三語楼から、ちゃんとマクラのネタを盗んで、自分のものにしちゃったんですからね。

だけど、あの人が売れ出してからは大変でした。荒っぽい稼ぎ方をしてね。三つぐらい席を持って、それから独演会をやるってんですから、文楽とあたくしが顔を見合わせて「へえッ」ってなもんですよ。

席はよくすっぽかすし、芸は荒れるし、いっとき評判が悪くなりました。そりゃあ、下積みの時代が長く続いたんだから、パッと花が開いたとき、ここを先途と思いっきり稼ぐ気持もわからないでもなかったですがね、へとへとで歩けなくなるほど走り回ってましたよ。

だけど人柄ですね。シンから憎む人はいませんでした。しようがないとは言っても、コンチクショウとは誰も思わない。常識を欠いたことをしても、悪いところ全部をさらけ出してるから、心底憎めないんですね。思えば得な人ですよ、志ん生ってえのは。

本所業平橋のナメクジ長屋に志ん生が住んでいたというのは有名な話ですが、ありゃオトリだったんですよ。なにしろ、沼地に四十軒も長屋をおッ建てたんだが、誰も住む人がない。そこで、志ん生にただで入ってもらった。ちゃんと住んでる人がいますよ、っていう宣伝でね。ところが、ほかに誰が住むもんですか。それで、もとが沼地だったから蚊がワンサといる。ほかに食らいつくところがないから、志ん生の家にわーっと、蚊が集中攻撃してくるんですな。大きなナメクジは、はらってもはらってもやってくる。なにしろ掃き捨てるほどいて、塩なぞかけたってはじきとばしちゃうってんですから、ひどいもんです。

そこに七年もいたんですから、志ん生の貧乏も底をついていたんですね。

あたくしは、晩年の志ん生は見たくなかったですね。あわれで、かわいそうで……。噺をしていても、半分以上は何を言ってるのか、さっぱりわからない。生きているといったって、もう芸の出来なくなった志ん生を見るのは辛いことでした。おかみさんの葬式に、あたくしは旅へ出ていて行けませんでしたが、志ん生、おかみさんに先にいかれて、よけいに参ってたようなところがありましたね。

あたくしとしては、馬生、志ん朝という立派な跡継ぎを残したんですから、志ん生ももって瞑すべしだと思いますが……。

『文七元結』を二人でやったときは、彼が前をやってるのを、あたくしはいつも、じっと耳を傾けて聞いていましたよ。あの人は、いつ何を言い出すかわからない、後を受けるのに困りますからね。あのときの、芸を通しておたがいに感じ合う緊張感てえのは、何ともいえない、うっとりするような、一種の快感すらありましたね。それが、志ん生がいなくなっちゃ、どうしようもない。しゃべれなくても、志ん生がいるというだけで、なんか心に張りがありましたのにね……。

本物の味

一年の計

新しい年を迎えるというのは、いくつになっても嬉しいものですな。

昔から、お正月というのは、めでたいことの代名詞のようなもので、元旦の朝、「おめでとうございます」と言いかわす言葉は、なんといってもいいものです。

ところが、噺家というものは因果な商売で、人さまがうきうき楽しんでいる正月が、一年中で、いちばん忙しいんですよ。元旦から毎日、休みなしで、それこそクタクタになるまでかけまわるのが例年のならわしです。寄席に出る数も多いし、四、五軒のかけもちはザラで、こちらが終わったら、さてお次と、それこそ席のあたたまるひまもない忙しさ。

「そんなに忙しくても、ゼニになるんだからいいではないか」と言われるかも知れませんが、人間というのはそんなものじゃない。

やはり、たまには炬燵にでもあたってのんびりしたい、おとそも汲みかわしたいという気持はあるんですよ。

しかし、永年、この商売をやっていると、そういうものだと思ってしまってるんですね。一つのあきらめでしょうか。まァ、それに真剣に自分の芸に打ち込んでいれば、いつの間にかそんな気持はふっとんでしまいます。

それにしてもこのごろの正月には、一家で、羽根つきをして楽しむなぞという風景は、めったに見られなくなってしまいました。羽根をつくあの、カチン、カチンという冴えた音は、いかにも正月だなという気分にさせるもので、それに羽子板、島田髷、友禅の着物とそろうと申し分がありません。最近は羽根つきの代わりにバトミントンとやらがだいぶんはやっているようですが、どうも正月の味がしませんな。第一、あれでは絵にならないですよ。やはり、羽子板に日本髪、門松とこないと、ほんとうの日本のお正月らしい雰囲気が出てまいりません。もっとも、門口で、いい気になって袂をぶらつかせながら、羽根なぞついていたら、酔っぱらいの車に轢かれて、正月早々、縁起でもないことになりかねない。車が多くて、うっかり、往来にも出られない昨今では、羽根つきだの、日本髪だのいうのも、昔もののたわごとかも知れません。

めでたいということになると、どうしても酒がつきものですね。日本人は、めでたいときはもちろん、悲しいときも酒を飲んで、ごまかすくせがありますが、気のおけない友達と、なごやかな気分でお酒を汲みかわすのは、人生における楽しみの一つだと思います。

あたくしも以前はよく、日本酒を飲みました。年始や宴会に出ると、かならず一杯、飲まされる。仕方なしに、そのまま赤い顔をして高座に出ることになるんですが、それでも昔は、正月だからというので、お客さまのほうも心得ていてくれたものでした。

それが昨今は、うっかり、ほろ酔い機嫌で高座に上がろうものなら「芸をする者が、酒気を帯びているのはけしからん」なんて叱られますよ。ものの風情やシャレっ気を解するお客さまもだんだん少なくなりましたね。万事、きびしい世の中ですな。

と、いうわけで、客席を見まわしても、このごろは、情緒のないことおびただしい。でもさすがに、正月だけは、日本髪や着物すがたもちらほら見かけますが、その恰好たるや、なんとも珍妙なのがありましてね。

かつらを頭にしばりつけているようなのがある。こういうのは、日ごろ洋髪なのが、正月だからというので、いきなりコテをあてて日本髪に結ってもらったんですな、きっと。

着物だって、ただ、からだにぎゅっと巻きつけているような姿の人もあります。専門の髪結さんもいまは少なくなっていることですし、万事、面倒くさいことははやらない世の中ですから、あれでいいのかも知れません。それに着物の正しい着かたがどうこうとわかる人も少なくなりましたからね。いまに右前に着てたっておかしいとも思わなくなる時世がくるかも知れませんよ。

一年の計は元旦にあり、とは昔からいい古された言葉ですが、やはりものは始めが肝心ですから、年の初めに、いろいろ夢や希望をえがいてみるのもけっこうなことだと思いますな。大晦日までのいやなことをさらりと忘れて、今年こそはの意気でハッスルする。神妙に日記なぞをつけはじめても、三日坊主でやめてしまう、これなぞ、いかにも人間らしくて、愛嬌があり ますよ。

まァ、忙しい世の中だから、日記なぞ、なかなか続けられないかも知れませんが、いつまでも、人間として続けてほしいことは、いかなるときでも笑いを忘れないことですね。

「笑う門には福来たる」とは、まったく、いいことを言ったもので、どんないやなことにぶつかっても、笑いとばして過ごせる人はそれだけでも大したことだと思います。

そんな意味で、少し手前味噌になりますが、正月から、どしどし、寄席にでもおいで願って、大いに笑いの楽しさを味わってほしいものです。こんなトゲトゲしい世の中だから、笑いをもつことが、どんなにまわりを明るくすることか、これは、あたくしが噺家だから、とくに我田引水でいうわけじゃありません。

一年の計は笑いから――で、まず愉快に笑って下さい。

今の世の中

近ごろは、子供がよく自殺をするということが問題になっていますが、これはおかしいですね。以前にはそういうことは絶対といっていいほど聞いたことはありませんでした。あたくしどもでもおぼえがありますが、人間というものは誰しも、一度や二度は死のうかと考えることがありますが、いざとなると、なかなか実行には移せないものですよ。まして子供というのは、これから育ってゆこうという生に対する意欲が旺盛でなければならないはずですが、それが自殺をするというのでは、すでにおのれ自身に負けているわけで、そういう子供は世の中へ出たところでたいしたものにならないでしょう。

人間は誰でも、いろんな苦しいことがありますよ。それを乗り越えて初めて一人前の人間になるんですが、それが出来ないというのは、教育方面、また家庭の中の問題などもあると思いますね。だいたいにおいて近ごろは、家庭と子供とが離れすぎているんじゃないでしょうか。金のある人は、むやみに子供に何か買って与える。それが愛情だと思っている。これは不思議な考え方ですね。まだ年もいかない子供に、オートバイや自転車をいとも簡単に買い与える、それが親としての誇りであり、子供に対する愛情だと思っているんですからね。だから暴走族なんというものができて、大勢で乱暴をするんです。

若いときにはよくいたずらをしたがるもので、それはまだまだ、本当に子供から抜け切れていないんですね。小さい子供がいたずらをして、叱られながら大きくなって行く。もう十歳くらいになればいたずらも目につかないようになるが、それでおしまいになったのかと思うとそうじゃないんですね。十七、八くらいのところは、これから衣替えをして大人に抜け替わってゆこうという時代で、まだ子供の精神が十分にあって、やっぱり何かおいたをしてみたいんですな。

危険のないように道の曲り角に設置してある鏡へ石をぶつけて壊してみたり、他人《ひと》の家の前にある看板をわざわざ倒してみたり、そういうような、してはいけないということを平気である。で、そういうことをさせるということは、いえば第一、親が悪い。何故、監督をし、ひとの迷惑になることをしてはならんということを子供に言わないのか。

学校に上げてさえおけば、それで子供が偉くなるように親も思っているかも知れないが、とんでもないことです。いくら学校へ上げたって馬鹿は利口になりませんよ。

大学を出ても与太郎《よたろ》は与太郎なり
という、これはあたくしのこしらえた川柳ですが、落語のほうで与太郎というのは馬鹿の代名詞です。学問をしたから人間、必ず利口になるとは限らない。やっぱり生まれついた馬鹿はなおりません。

浪曲にも、「馬鹿は死ななきゃなおらない」という文句がありまして、学校へ上げれば、たしかにいくらかものをおぼえるには違いないがそれだけではだめですね。世の中へ出るには、いろいろ人間の苦労をし、人と人とのつき合いをし、そうして初めて一人前の人間になるんだと思います。

いまの人はだいたい辛抱というものをしません。一つのものへ取り組んで、じっくり落ち着いてそれへ励むとか練習をする、そういうことを厭がる人が多いんですよ。それはねえ、苦しいことをするのは誰しも喜ばない。楽をして偉くなれればそれに越したことはありませんよ。けれども、楽ばかりして自然に、ぬうっと偉くなるということはまァ、あり得ないことでしょうね。下にいて使われている人間は、上の人を羨んで、ああ、いいもんだな、と思いますよ。仮に会社へ入れば、社長は自動車で会社へ乗りつけて、大きな椅子にふんぞり返って、みんなに何か指図をしてぶらぶらして、それで生活が出来るし、月給もうんと取れる。

それに較べて下の者は月給が少なくて、肉体労働をしなくちゃならない。「どうもまことに情けない、早く社長になりたい」とこう考えますが、それはなるほど、外見からは社長は楽なようですがね。なってみりゃあそう羨むほどいいもんじゃない。肉体労働はしないが、頭の中は大変なもんなんです。自分のことばかりを考えていれば必ず、その会社は衰微してくるんですよ。だから上に立てば、下のことを常に考え、指導し、公私混同をしないよう会社を立派にもり立ててゆく責任があるわけです。これがどんなに至難なことであるか……。だから、下の者は上の者を羨ましいと思っているかも知れませんが、上の人は上の人で、下の者が羨ましいんですよ。下の人には、心の負担というものがありませんから。

早い話、戦前と戦後では世の中もがらっと変わりました。

昔の女の人は、自分を犠牲にしても子供を育てるとか、子のためには命を捨てても惜しくないという強い母性愛を持っておりましたものです。

ところがいまは、母親が子供を生みっぱなしでコインロッカーにしまったり、ひどいのは高速道路へ子供をおきっ放しにして逃げたのがある。自動車は大変なスピードで走ってくるんですから、どっかでひき殺されるに違いないんで、まあ幸い、その子は助かりましたが、じつに残酷な恐ろしい話じゃありませんか。学校ばかりに頼らないで、人間をこしらえる思想を子供に教えるのは親がしなきゃならないが、いまはこの親自身がだめになってしまったようですね。だから子供を教育する前にまず、親のほうをもう一度教育して、親が立派な人間になってから子供を育てなければなりません。まことにどうも、複雑な世の中になったものだと思います。

社会屋

今は故人となりましたが、千葉県の市川市に、勝見豊次という元中学校の校長先生がおられました。生まれは日本橋茅場町とかで生粋の江戸っ子。ラジオであたくしの噺を聞いて手紙を下さいました。返事を差し上げると、先方からまたお便りを下さるというようなことから、ぜひ一度来てくれるようにというので、市川市菅野というところへおたずねいたしました。行ってみておどろいた。地所はだいぶお持ちのようで、庭も広いのですが、いや、実にどうも荒れ果てている。畳も破れているし、お世辞にもきれいとは言えぬお宅です。

年齢はあたくしより七つか八つ上でお逢いしたところ実に立派な方で、奥様も昔は教鞭をとられたというなかなかの美人でございます。落語がたいへんお好きで、芸のこともなかなかよく分かっていらっしゃる。時間の経つのを忘れてお喋りをいたしました。その頃はもう学校は退職されていて、自宅へ子供を集めて塾を開いていらっしゃいました。

わたくしども夫婦には子供は一人もありませんが、でも三百人ほどの教え子がいる。私は心臓が悪いのですが、それ以外のちょっとの病気でもすぐみんなが心配してくれるので、実子はないが、私は本当に幸せものですよ、とおっしゃるのでした。

それに、年に一度はかならずその人達が集まって、先生を慰める会というのを催すのだそうです。その時、一席噺をやって下さいと言われて、うかがって落語をやりましたが、その会の雰囲気というものはまったく和気あいあい。それに、教え子といっても既に社会人となって、今は社長、重役という方たちも多いのに、そういうみなさんが話をされているのが実に面白いのです。

「私は、先生にはずいぶん殴られましたなァ、ハハハハ」

「それは、お前がいたずらだったからしようがない」

「いや、本当に、殴られてもあとで考えて自分が悪いんだから仕方がないと思いましたよ。ハハハ」

あたくしはそばで見ていて、先生と生徒はかくあるべきものだとつくづく感心いたしました。先生も本当に生徒の為を思って殴る、また殴られる方も先生を心から尊敬しているので、少しもそのことにこだわらずにいる。美しいことだと思いました。先生が病気だというと、その会を作っている人たちみんなが心配をするという。三百人の子供なんて鬼子母神《きしもじん》様のほかにはありませんよ。

師弟の間なんていうものもおいおいなくなってきましたが、今は学問を教える学校はあるが、人間をこしらえる学校はないようですね。

いや学校ばかりではなく、職人も芸人も同じことでしょうが、つまり人材というのですか、役に立つ人がだんだん少なくなってきたようです。洋服屋さんで話を聞くと、仕事の出来るのは年寄りばかりで若い者は駄目だと言うし、仕立屋、料理屋、人工、あらゆる職人が少しずついなくなる。芸人の方もそうじゃァないでしょうか。

学校の先生がたは人間を作るのは社会だ、と偉いことをおっしゃっていらっしゃいますが、じゃ学校はやめて「社会」へ入るとするか……「社会屋」というのは何処にございましょうか。

我慢

やれ、物不足だ、やれ、節約だと、いま、世の中は騒がしい限りですが、それにつけて思うのは、我慢するってえことがいかに大切かということですね。いまの人はいったいに我慢てえものをしなくなりました。

明治の人間が昔のことを、あれこれと言ってみたところではじまらないかも知れませんが、昔ならば少々の辛いことやなにかは、たいていは我慢したもんです。あたくしどもにたとえれば、師匠がどうも悪いからったって、その師匠をとりかえるわけにいかないから、我慢してそこで辛抱する。それで成功したんですな。

それがどうです、いまは末を誓い合った夫婦でさえ、ちょっとしたことであっさりと離婚しちゃうんですからねえ。昔は、あんなに簡単に別れるもんじゃありませんでした。男と違って、女の人はいっぺん嫁《とつ》いで、そして別れてしまうと、今度再婚するときには、初めにどんなにいい家《ところ》へ嫁《い》ってても、どんなに身分があろうとも、いくらいいところの娘であっても、初めの婚家よりも更にいいところへ嫁くなんてえことは絶対に出来なかったもんです。ところが、いまはお古《ふる》のほうが売れるってんですから、考えてみりゃ、ずいぶん不思議な世の中になったもんです。それでまた、くっついたかと思うとすぐ、離れちゃう。こりゃね、両方で我慢しないからですよ。そりゃ、夫婦になればね、いやなこといっぱいありますよ。もうこの辺で失敬しようかというようなことが何度もあるでしょう、危機というのがね。その危機をどんなふうにして切り抜けるか。それがむずかしいんですが、やはり、それをのりこえないと本当の味は出ないのじゃないかと思います。

芸人にしても同じで、やはり壁に突き当たって、もうだめだ、もうよそう、と思うことが必ずあるんですよ。あたくしにだってありました。今度こそ、いよいよ腹をすえて転業しようと思ったこと、ありますからね。

だけどもいまになれば、やっぱりよさなくっていいことをしたと思います。初志を貫いたために、まあ、どうやらこうやら、ここまでこられたんですが、あのとき転業していたら、そこも中途半端なままで終わってしまったわけで、それってえのがやはり、我慢をしたおかげでしょうね。

夫婦なんぞもね、こりゃあたいへんな我慢ですよ。いやなことはそりゃ、ありましょうが、結局そこを何とか辛抱して、危機を脱して、それが笑い話になってこそ本物だといえるんですよ。後になってね、「あのときはどうも苦しかったね」と言い合う、その一言には、あのときの危機を切り抜けられてよかったという万感の思いがこもっているわけですよ。我慢をしない限り、この喜びは味わえません。

けれどもそういっても、当節では何事にも我慢をしなくなりました。このままいけば、もっとひどくなる一方じゃないかと思いますね。物が豊富にありすぎるのも良しあしですが、そういう意味で、物不足だ、節約だといって、我慢することがいかに大事か、あらためて認識されるならそれはそれで、また結構なことでしょう。

これから先、世の中がどうなることやら、あたくしどもにはさっぱり見当もつきませんが、昔とくらべて、上に立って使うほうのいかにむずかしくなったことか。昔みたいに、命令一下で従わないんですからね。だからといって、ご機嫌とりながらやってると、だんだん質のほうが低下してくるばかりですわね、これは。そして肝心なところで簡単にペシャンコになっちゃう。

あたくしどもの知っているお料理屋さんなんかでも、何も知らない若い者を連れてきて、それこそ大根の切り方、魚の煮方から教える。それで何か少し出来るようになってきて、やっと天ぷらぐらい揚げられるようになると、わきでもって「おいでおいで」をして、いくらやるからおいでってえと、いままで教えられた恩も何も蹴とばして、そこへ行っちゃう。で、そこでしばらくいると、またわきのほうから「おいでおいで」とくる。そうすると、今度は向こうのほうが、一万円よけいにくれるからという理由で、そっちの月給の多い方へゆく。

すると、それはどうなるかってえと、「何年か相《あい》経《た》ち申し候」でもって、結局は料理人として一人前の仕事は出来ないわけですね。

「おい、お前さん、××作ってくれ」

と、少しむずかしい料理を注文すると、

「え、お客さん、それ何です？ 知りません」

なんて言うやつがいる。これじゃ、料理人とはいえませんよ。つまり、昔でいう板さん、本当の板場さんというのは、もう親方ですからね。何でも心得ていなくちゃならない。それが何もかも中途、いわば半端人足ってやつばかりができちゃって、いまはそういうのが板前としてまかり通っているところもありますからねえ。

だから、あたくしに言わせれば、いまの人は、「欲が深そうで、割合に欲がない。大欲がない」ってんですよ。

一つの所で辛抱して、親方の知っていることをみんなとことんまでおぼえちゃって、そうして出て行けば、どこへ行ったたって板場さんとして立派にやってゆけるし、自分の勉強次第で、日本で何人という指折りの調理師にだってなれるわけですよ。それが何故、そこまで我慢しないのか。わずか一万や二万の銭にね、目がくらんで、最初からお世話になったところを蹴とばしてよそへ行っちゃって、結局は中途半端にものをおぼえることになっちゃうんですね。

芸人もその通りで、そこまで我慢してものをおぼえないで、いい加減にやっておいて、そのうちにファーッと売れてきて、それに甘んじてやってるうちに年齢《とし》をとってきて、ふと、これじゃいけないから本当に勉強しようと思う。ところがそう思ったときには、すでにだめなんです。もう出来るもんじゃありませんよ。土台がしっかりしていないんですから、出来るわけがない。そこへあらためて勉強して建物を造ろうったって、やっぱりいまより以上のものは出来ないんですよ。だから、そんなことをしいしいやってると、おしまいには全般的にレベルが下がってくるというわけです。

そうすると、結局は「あんなもの、銭出して聞くほどのものじゃない」ってことになり、何かのツマに使われるようになってしまう。曲芸のうまい人の時間つなぎにされたりね。これはもう、主役は出来なくなっちゃって、ワキへ回されるってことですから、芸そのものも、だんだんと低下せざるを得ません。銭金のことばかり言ってると、しまいにはこういうことになる。

あたくしどもは、そうさせたくないと思いますけれども、いかにやかましくいおうとも、これればかりは相手が用いてくれなきゃ何にもなりませんからね。この辺のところがむずかしい。あたくしどもは、この道で儲けようというような意識なぞありませんでした。ただ、何とかして第一人者になりたいという漠とした考えで、今日まできたわけですが、銭金じゃなく、じっと我慢して、おのれ自身に芯をつくる生き方、いつの時代になってもこれが必要じゃないでしょうか。

夏まけ

近ごろの若い人てえものはなにかというと、すぐ、「疲れた、疲れた」といって、栄養剤や精力剤を飲みますが、どうもあれは感心いたしませんな。二十代で薬を飲まなきゃ回復しないようじゃ、しようがないでしょう。それくらいなら家で寝ていればいい。若い人は遊びすぎるんですな。遊びなんてえのは、たまにするから愉快なんで、いまのように遊ばなきゃ損だというように遊んで、それで「くたびれた」って薬を飲むんじゃ、それこそ落語にもなりゃしません。

じつは、あたくしも若いころは体が弱くて、夏になると食がすすまなくて困ったものです。沢庵を細かくきざんで、塩出しをし、それにかつぶしをかけたものをおかずに、お茶漬を一杯くらいしか食べられない。いまはそんなこともなくなりました。それも、震災と戦災で何でも食べるという経験をしたおかげです。偏食は体ばかりじゃなく、精神的にも片寄った人間にするのでよくありません。

近ごろは、晩酌にウイスキーをストレートで飲むようになりました。あたくしのは飲むとすぐ眠くなる酒で、床に入るとそのまま熟睡できるのがいいんでしょうね。

最近は、寄席でも冷房が入って涼しいですから、夏まけなんて減ってるのかと思ってたら、そうでもないようですね。暑さに気分的に負けちまうから、夏まけするんじゃないでしょうかね。

男の場合でも、褌一本でいるとかえって暑いんです。きちんと着物を着たほうが、暑さを感じないということがありますね。「暑いときは刺子のほうが涼しい」なんて、昔の人は言ったもんです。刺子というのは、火消しの着るあれですね。

要するに、デレッとしているとよけい暑いんで、それが夏まけにもなる。気持を引きしめれば、暑さぐらいたいしたことじゃありません。

夏やせと答えてあとは涙かな

という川柳がありますが、夏まけの本当の理由ってえのは、たいてい、暑さ以外にあるんじゃないでしょうかな。

敬語

言葉も時代によって変わってゆくものでしょうが、「頑張る」という言葉をよく使います。辞典で見ると、我を張る、我意を張り通す、力を込めてやり通す、と書いてあるんですが、しかし、以前はあまり、人が言わない言葉だったと思います。

この言葉で誰もが知っていたのは、歌舞伎狂言の『鈴ケ森』で、白井権八と幡随院長兵衛の出合うところ。雲助が大勢寄って、金のありそうな旅人が通ったら酒手をいたぶろうと相談をする。雲助一同が、異口同音に、「頑張れ、頑張れ」と言う。それはみな、誰もが知っていたものです。そのほかは、頑張るなんてえ言葉は使わないと思っておりました。あまり上品な言葉ではないような気がしていたのですが、近ごろはやたらに使いますね。「どうか、頑張って下さいよ」「しっかり頑張ってね」なんて言ってるのを聞くたびに、どうも『鈴ケ森』を思い出しましてね。この人は雲助の後裔なのかな、なんて考えるとおかしくなることがあります。それに妙なところへ敬語を使うようになりましたね。何にでも「お」の字をつけたがる。

もちろん、昔でも妙におの字をつけたようですが、それは町人が武士に対して使った敬語で、町方役人を、お町。加役に対しては、お加役といったようなものでした。しかし本来、加役という役名はありませんでした。本当は「火付盗賊改」というのですが、これは鉄砲組や弓組の者が、役を重ねて任命されるので、役に役が加わる、というところから加役といったのだそうです。

いま、若い人たちが妙な言葉を使いますね。野菜にむやみにおの字をつけて、おにんじん、おごぼう、おだいこんなんて……なにも野菜におべっかを使う必要もなかろうと思いますが……。

それに、「お召し上がり下さい」と言う。召し上がるで十分だと思いますが、ごていねいにそれへおの字をつけるからおかしくなる。また、電話をかけて対話中に、「はい。のち程、わたくしの方からお電話をおかけいたします」。相手は自分より目上の人なんだから、自分のほうへおの字をつけてはいけないと思うんですがね……。

『妾馬』の中で、八っつァんが殿様へ、

「おわたくし様は、お八五郎様と申し奉るものでござり奉る」

なんていいますが、あまり緊張すると、かえっておかしくなるもんですよ。

手紙

手紙については、ちょっと考えて、いまだにおかしいと思うことがありましてね。あたくしがまだ、九つか十くらい、やっと字が書けるようになったころ、興行で旅へ出たときに親のところへ手紙を出そうと思ったんです。なにしろ生まれて初めての手紙ですから、どう書いていいのかわからない。しかし、まあ、思ったことを書けばいいのだと、何とか書きあげました。そして、封筒へ所番地を書いて、郵便ポストへ入れたんですが、なにか自分でも嬉しくてしょうがない。さぞ母親が、あたくしの手紙を見て、喜んでいるだろうと思うと愉快になってくる。

さて、旅先から家へ帰ってくると、あたくしの顔を見るなり、家中の者が、ドッと笑うんですよ。なんかおかしな雰囲気だと思って、「どうしたの」と聞くと、「お前、手紙をくれたろう」と言うから、「ああ、手紙、出したよ」と答えると、またアハハハ……と笑うので、こっちもちょっとむっとして、「なにがおかしいのよ」と言うと、「お前、手紙を出すのならば、名前を書かなくっちゃ届かないよ」という。

変なことを言う、ちゃんと名前を書いて出したのにと思っていると、母親があたくしの手紙を出してきて、

「ごらんなさい。所番地はちゃんと書いてあるけど、御両親様、とだけ書いてあるでしょ。お前には御両親様でもわかるが、郵便屋さんには、どこの御両親様だかわかるまい」

と言われ、ああ、これは失敗したなと、初めて気がついた。

しかし、どうしてその手紙が家へ届いたのかというと、そのころの配達人というのはまことに親切なもので、この手紙の差出人の名前が芸名で書いてあるから、この番地に住んでいる落語家はこの家だから、察するところ、この家の子供が出したものかと推量して持ってきてくれたのだそうで、昔は、じつに親切なもので、それに融通がありましたね。ただ、お役目だけで働いているのではないんです。自分の職業に対して誠意を持っていたんですね。

それにつけて思うのは、あたくしが、最近三越劇場へ手紙を出したことがあるんです。室町何丁目だか、丁目を書き間違えて出したら、該当者なし、と書いた符箋を貼って手紙が返ってきたんで……、天下の三越がわからないとは恐れ入りましたね。いったい、お前さんは何の営業をしているのかと聞きたくなりますよ。自分の職業に毛ほどの責任も持っていないんですな。それでよく厚かましく月給をもらっている、と言いたくなりますよ。

また、それに困るのは、字が下手なのに当人はしゃれて書いたつもりの手紙ですな。これは

本当に人を悩ませます。字は下手でもいいから読めるように書け、といいますが、まったく読みにくい手紙はもらって迷惑なものです。

それから、いまだにあるのが、幸福の手紙というやつ。葉書が来て、これを受け取った人はあなたの知人十人のところへすぐ葉書を出しなさい。さもないと、あなたに災難がくる、なんていう、あれです。これはじつに馬鹿げたことで、また、あんな下らないことを信用して、言われた通り出すやつがいるんですな。だからいけないんですよ。

話は違いますが、あたくしが一枚の葉書を本当に嬉しいと思ったことがあるんです。

それは昭和二十年に満洲へ、興行と慰問の両方で行ったときのこと、二ヵ月の予定が、向こうで終戦を迎えたために関釜連絡は絶たれてしまい、そのまま大連から出ることが出来ず、やっと帰国できたのが二十二年の三月のことでした。

九州の諫早に船が着いて、そのまま収容所に入って一週間。そのころ住んでいた四谷大京町の家が、あたくしが満洲へ出発して半月ほどあとで焼けてしまったことは直接ではないが知っていたんですが、さて家族の者たちがどこへ立ちのいているのか、そんなことは全然わからないんです。すると、収容所の中に引き揚げ者の問い合わせが来ているところがあると教えてくれた人があって、早速そこへ行ってみました。

まず、円生の「エ」の部を調べたが、ない。次に三遊亭の「サ」、本名の山崎松尾で調べたがないんです。がっかりして、あきらめて一度は表へ出たんですが、また引き返してきて見回すと、柱に状差しがかけてあって、その中に手紙や葉書が入れてあるんですよ。それで念のためと思って、五、六十枚もある葉書を抜き出して、一枚、二枚と見ていくと、三枚目に「山崎松尾」と書いた葉書が入っていたんです。

読むと、この者は三遊亭円生と申し、当人がそちらへ着いたなら、家族はこれこれのところに住んでいるから云々……という文面。本当に、あのときの一枚の葉書は、生涯忘れられません。

ああ、名医なし

何事もオートメーション時代のいま、ご多分にもれず、お医者さまもそういう時代をむかえているような気がするんですが……。

病院へ行くと、患者も多いがお医者も多いですね。知らない病院などへ初めて行くと、どうしていいか面くらってしまいますよ。なんだか全部が機械化してしまって、医者と患者は人間対人間でなく、機械対機械の如く、無駄っ話《ばなし》なんぞしようものなら気がひけるような雰囲気です。いまの時代、そうなるのもやむを得ないかも知れませんが、しかし、あたくしのような昔人間は、やはりね、機械の医者よりも人間のお医者に診てもらいたいと思いますよ。

その人の病気を知るだけでなく、体質、習慣、経済の方面までも知らなければ本当の医者とはいえないような気がするんですよ。

「あなたの病気は、まず高原へ行って、いい空気を吸って、何も考えず、ぶらぶらして、半年か一年遊んでいればかならずよくなります」

と言われたって、生活費が一ぱいでやっと暮らしている者に、そんなことの出来る筈がありませんよ。

だから昔の医者は、「絹ずれか木綿ずれかをまずたしかめてから病気を診ろ」と言ったそうですね。

絹布《けんぷ》の布団で寝ていても、床ずれのする人もいますし、木綿の布団ですれる人もある。だから、まず患者の生活程度を先にたしかめてから治療の方法を考えなさいということでしょう。

それに近ごろ、むやみに「マイシン」をのませる医者のふえたことにはおどろきますね。風邪ぐらいでもすぐにマイシンを使う。あたくしなんぞ、素人のことで何もわかりませんが、マイシンを使えば、そりゃ病気は早く全快するでしょうが、しかしその後のからだのことを思えばそれが必ずしも良いこととは思えないんですよ。次にマイシンを使わなければどうしても癒せないというときに、それ以前にちょいちょい用いていたために、マイシンではもはや効き目がないということだってあるかも知れませんん。

昔の医者は、患者のあとあとのことも考えていてくれたものですが、いまはただ、病気を早く癒せばよい、その後のことなど関係ないというわけで、ここでも人情というものがなくなりつつあるような気がしますね。

落語でいえば、ただ笑わせればそれでよい、猥褻であろうと、きたない話であろうと、ただ笑わせれば客は喜ぶ、芸になっていようといまいと、下劣であろうと、そんなことは構わない、という。いちおう笑わせれば、それで一人前の落語家なんだと思うようなものでしょう。

しかし本当の落語、また落語家というのはそんなものではありません。何よりもまず、芸に品格があること。噺の中に出てくる人物の描写、季節感、その場面の雰囲気など、あらゆるものを舌三寸をもって彷彿《ほうふつ》とさせる——それが本当の落語家なんです。

むろんそれだけの芸をするには、たいへんな修業がいりますよ。大げさにいえば死ぬほどの苦労をして、それで目的通り、立派な落語家になれる人もあり、なれぬ人もあるんです。本当にうまくなる落語家は、数千人の中で一人か二人でしょう。

お医者さまもやはりその通りで、真に名医となる人はやはりそのぐらいの確率なんでしょうね。あとはおおむね「たけのこ医者」ばかり……いや、失礼。これは落語家から割り出して、やはりそうではないかと思って申し上げた次第で……。

但し、せっかく名医にあってもそれを知らず、ほかのたけのこ医者をありがたがっている患者がいるように、せっかく名人芸を聞いても、その妙味はわからずに、くだらなくゲラゲラ笑わせる落語家を嬉しがって聞いている客も多いから、どこの世界でも似たりよったり、同じようなものです。

ただ、落語家のまずいのは命には別状ありませんが、医者の下手なのは直接命にかかわってくるんですから困ったものですね。

本を読むとき

子供のころから、あたくしのいちばん好きなものというと本を読むことでした。どうも賭けごとはやってもすぐ飽きるたちですし、ま、道楽といえば、やはり本でしょうね。

しかし、それも近ごろは、すぐに疲れてしまうので思うように読めず、じれったい思いをしますが、それでも外出のときは必ず本を持って出ます。習慣になっているんですな。

傘は忘れることがあっても本だけは決して忘れたことがないという程、あたくしには本がつきもので、市電の中が読み場所でした。

何故かというと、楽屋ではだめなんですよ。その当時、楽屋で本や新聞を読むと叱られるから、寄席では本は読めない。家へ帰れば、これも読むひまがない。噺や三味線の稽古がありますし、それに踊りやら噺の稽古にお師匠さんの家に行きますから、結局、あたくしの読書は電車の中になっちゃったんですな。

新宿に住んでいた関係で、どこの寄席へ行くにも三十分以上は電車に乗っている。それがあたくしにとっては、何よりも楽しみな時間でした。

車中では何かしら本を読んでいるので、

「あなたはじつに勉強家ですなあ。いつでも熱心に本を読んでいられるが、感心しました」

なんてほめられて、ちと赤面したこともありました。なに、勉強ばかりじゃあない。猥本なども熱心に読んでいたこともあるんですから……。

初代の柳家小せん師匠のところへ稽古に行っているころ、十四、五歳でしたが、

「噺家は君、江戸文学というものを読まなきゃいけないよ」

と言われて、

「何がいいでしょう」

と聞いたら、

「まず、式亭三馬の『浮世床』『浮世風呂』など読みたまえ。本は博文館の帝国文庫がいいよ。安くって、活字がぎっしりつまって、あの本は得だよ」

と教えてくれました。

当時、帝国文庫は、定価が六十銭くらい、でしたかね。新しいのは買えないから、古本で二

十五銭くらい。ごくひどいのになると、二十銭くらいで買えました。

それからというもの、京伝、京山、一九、馬琴、種彦、鯉丈、黄表紙など、手当たり次第読みましたのが、いまになってたいへん役に立っています。

あたくしは、一つ気に入るとその人の作品を続けて読む癖があるんですが、馬琴などはその例ですね。

そのほか、夏目漱石、有島武郎など、これらはもちろん、小説でなければあたくしなんぞにはわかりません。

いつでしたか、有島武郎の『惜みなく愛は奪ふ』という本を目録で見て、読みたくなって探したんですが、あいにく何処へ行っても見当たらない。やっと探して読んでみたら、これが小説ではなくて論文みたいなものなんですよ。二ページくらい読むと、頭が痛くなってくる……それでちっともわからない。あれにはおどろきました。

あれもこれもと、知識欲旺盛のころは、本を買いたくても金がないですからね。思うようにはいきませんな。

それから、落語と講談だけの雑誌で、『百花園』というのがありました。

明治二十二年の五月に創刊号が出て、月二回発行していましたが、二百四十か、五十号で廃刊になってしまいました。

昭和七、八年ごろの話ですが、もと落語家だった朝陽という男が、古本屋をしていたので、これに『百花園』を頼んでおいたところ、

ある日、店へ行くと、

「『百花園』が、一号から百八十号まで揃って出たよ」

と言うんです。

「そうですか。いくらです」

「現金で買うなら三十円。五円ずつの月賦なら、二十五円でいい」

「じゃあ、月賦に願いましょう」

と言って顔を見合わして笑いましたが、さすがに昔の落語家、粋な人がおりました。

あたくしが読んでごらんなさいとすすめるとしたら、『川柳末摘花《すえつむはな》』ですな。あれはバレ句といって、性に関係した句ばかりあつめてあるので、猥褻だ、卑猥だといって片づけてしまう人がいますが、あたくしはあれは立派な文学であり詩であると思います。ゆがんで見ずに、正しく読んでごらんなさい。人間の本当の姿を表現しています。

但し、川柳を解さない人ではだめですよ。俳句や川柳のわかる人ならばおすすめしたいですな。いらいらしたとき、腹の立ったときに二、三句読んでごらんなさい。鎮静剤になりますか

ら。かっかと腹を立てていることが何だか馬鹿らしくなってくるから不思議です。

二、三お目にかけましょう。

したいとはさてもっともなことを言い

平凡な何の変哲もないような言葉で、よく考えますとじつにおかしい句です。また、

度々なされましたそうだと宿はいい

これは下女の句ですな。宿とは下女の宿元、つまり保証人が、その主人にでも掛け合っているところでしょう。妊娠でもして女は宿へ行き、しかじかと話をする。その店の主人に宿の者が掛け合うと、いや、私は一度だけで、と弁解をするところ。

初心《うぶ》な方には解説つきのものもあります。

あたくしの都々逸を一句。

腹の立つときゃ末摘花を

読んでごらんよ気がなごむ

まこと、『末摘花』は、不思議な魅力を持っております。

着物と着こなし

近ごろ、男の着物がだんだん少なくなったようですね。いま、結城と大島ぐらいなものじゃ

ないですか。お召なんてのは少なくなりましたでしょ。これはまことに、着心地のよいもので、西陣あたりのものでいいのがございますね。

まあ、われわれ高座で使うのには、よくお召を着たんですがね。いまは古く買いましたものを大事に着てるより仕方がなくなりました。

素人の方でもお召を着てる方がありますが、その人のにんによりまして非常にむずかしい。着物は結城がいいとか、なにがいいとかいいますが、やはりその人の職業とか着る人によりますからね。女の人なんか、モデルが着たりなんかしていると、たいへんよくって、じゃあたしもってんで、それを買って着るけど、みんながみんな、モデルの通りじゃありませんからねえ。男だって同じことですよ。こりゃあいい柄だったって、それを着て似合う人と似合わない人とがありますからね。その人の体にピタリとくるものでなきゃ、おかしいですよ。この系統がいい色だといったって、十人が十人、似合うわけじゃないしね。また誰が着ても似合わないもので、その人が着ていいものもあるし……だからといって、その人は何を着ても似合うってわけじゃありませんが……。

それから、合いすぎて困るってこともあるんですよ。あたくしは若い時分は、少し派手めのお召なんぞを着ますとね、ばかに似合うんです。ところが似合いすぎてかえっていけない。いわゆるにやけるというんですか、あたくしなぞは痩せていますから、お召はあまりにピタッとしてかえって芸人じみるんですね。

だからあたくしは、おもに結城を着ました。結城というのはごつごつしているので、これが似合わないようでいて似合わないことはないんですよ。なんというか、かえって一種のいやらしさがなくなるんですね。

着物をえらぶということも、言葉やなにかでいえない、その人の着た感じですからね。勘でえらぶのですから、いうにいえないむずかしさがあるんですな。男の着物というと、いまの人はごく単純に考えるようですが、そうではありません。かなり複雑ですよ。

日本の着物というのは、きれいそのものよりも着こなしですからね。動作、体格から、その人の顔の色つや、器量、背の高いとか低いとかも関係してきますしね。そこに着物の何かがあらわれるわけですね。それによって縞柄、無地、色合いから、きれの柔らかいもの、かたいものというように、合うものが自然にきまってきますがね、それでもピタッと合うというのはむずかしいもんですよ。

結城なんぞ、色の黒い体つきの悪い人が着ていると木綿に見えてね、せっかく高い金を出してもつまりません。

芝居では『お富与三郎』で、与三郎が藍みじんの結城を着て出てきます。あの藍みじんなんてえのは、粋な人が着ればじつに粋に見えるが、田舎のおじいさんが着ると田舎柄ですよ、あれは。同じ着物を着ても、片方はたいへん粋に見えて「いいな」っていうのと、東京でいう「間抜けな着物を着てる」ってのとがあるわけですよ。ですから、イキとヤボは紙一重ですね。誰が着てもいいかというと、そうはいかないんですからね。

だから男は、大島の絣かなんか着ていれば、なんとか形はつくわけですよね。でも、いくらよくっても、あれは礼式には着られないもんなんですよ。知らない人は、大島の上へ仙台平の袴をつけて、紺足袋をはいて、紋付きの羽織を着てね……いかに高い金を出してお買いになってもあれは婚礼には着られませんよ。それなら、むしろ木綿の紋付きのほうがいいというわけです。絣というものもだいたいがふだん着ですから、しかしそういうことすら、いまはほとんどご存知がないでしょう。

それから、黒の着物の上へ色変わりの羽織を着るってのはおかしいでしょうね。黒の着物にはやはり黒の羽織でないとおかしゅうございますが、妙なもので、色変わりの着物の上へ黒の紋付きはおかしくないんです。

芸人なぞでも、金をかけているわりにずいぶん無粋《ぶすい》なりをしている人があるかと思うと、金はかけていなくても着こなしのうまい人は印象に残りますよ。

昔の噺家ですが音曲をやる人で、橘家三好という人がおりました。すでに六十をすぎているおじいさんでしたが、地味な、そばへ行ってみなければ柄もよくわからないという、こまかァいお召やなんか着ていて、それに対する帯だとか着こなし、それにすっと立ったところが何ともいえない、ひとつの絵になっているんですよ。下げている煙草入れまでがさまになっているんです。この人は、なりが変わると煙草入れも帯も変わりましたね。

帯というのは、服でいえばネクタイですってね。ところが服と違うところは、服のほうはネクタイと洋服が同系ですね。紺系統と紺系統だと間違いがない。ところが着物の場合は逆ですね。だから、対《つい》の着物というのはあまり引き立たないもんです。むしろ、羽織と着物と色が違っている方がいいと思う。紺系の着物に茶系の羽織を着ますとかね。また茶系の着物に茶系の羽織、茶系の帯となると、こりゃあいっそうむずかしくなるんですよ。茶の濃淡で調和をとる……どれか一つが濃すぎても調和をこわしてしまう。だから離れたもののほうがかえって無難というわけです。

着物といったって、第一に男でも着こなしですよ。あたくしが帯を締めるのに、背が高いから上に締めたり下に締めたりしてね、いろいろ、鏡に向かって稽古をいたしました。子供のときから着物で育ってきて、それでも三十近くになってからやっと、はじめて帯の位置が定まりました。いつ帯を締めてもそこへ行く、つまり納まりどころがあるわけです。

それから、男でも着くずれがしないこと。朝着て出て、夜まで着っぱなしでもくずれないことですね。これは帯をかたく締めたから着くずれがしないかっていうと、そうじゃない。そんなに締めないことですね、こつは。おのれの動作でくずさないんですよ。いわゆる、体の使い方、歩き方と、上半身でもある程度しか動かさないで……動いてはいるけど着物のくずれるような動き方はしないことです。乱暴に上半身を動かせばくずれてくる。また歩幅というものが決まってきますね、これは自然におぼえることです。

でも、着物は着つけたものには洋服より楽ですよ。座ることも出来るし、あぐらもかける。洋服は座ったらだめですからね。膝がとび出しちゃうから……しかし、着物でも悪く座るとしわくちゃになっちゃいますから、やはり座り方がありますね。

それから、よく着物のお尻がとび出す人があります。あれはきゅっと締めといてお尻を出すから、縫い目が笑うといってね、引きちぎれるようになって、お尻のところがふくらがってる、無理をするからそうなるんですよ。きれなんだから余裕をもつように着ればいいわけで、きれをいじめるからおかしくなっちゃうんですよ。

着物の着こなしってのは、ですから洋服なんかよりはるかにむずかしいですよ。いいお手本がなければだめですが、その手本になる人がだんだん少なくなってきましたしね。

噺家になってはじめて着るなんて人はまずいですよ。近ごろはそういう人もいますがね。まあ三年、四年たつうちにどうにか形になってくるわけですが……、自分で工夫もするでしょうからね。着物の合わせ方だとか、帯の締め方、着たとこの着こなしとがだんだん身についてこなきゃいけません。いかに、いい着物だ、悪い着物だといったって、着る人の責任ですからね。それにやはり、日本人には着物のほうが洋服より着映えがしますよ。いい着物、いい着こなしってものは大切にして残しておきたいですね。

らしいなり、、

うん、おしゃれねえ。それについてこんな話があります。

昔、寄席がはねてから、あたくしたちが夜遅く電車に乗りますと、よく会うおばあさんがおりました。そのころ六十すぎでしたでしょうか。この人は座席に腰かけないで、窓に向かって座ってるんです。それで向かい側に座ると足袋の裏が見えてね、それが底一面つぎがあたってまして、しかもこれがきれいに洗濯されていて、真っ白。癇性というのか、汚ないのが嫌いな人なんでしょうがこれなぞ心憎いおしゃれだと思いますね。金のかかったものを身に着けていたって薄汚れていたんじゃいけませんよ。質素でも、垢染みないものを着る、身綺麗ということがおしゃれの第一です。それが、このごろはチャカチャカと、表面《おもて》を飾りたてることばっかり盛んで……。

そうそう、あたくしんところへ、男性化粧品なんぞくれる人がいるんですよ。聞いてみたら、つけるんですってねえ……いまの男は。あたくしなんぞ、肌が強いほうじゃないから、なまじっかのものをつけたら荒れちゃってよけいきたなくなっちゃう。だいたいが本当に器量のいいのは何もつけないもんです。悪いのに限っていじくるんですよ。そういうのが年とったらあなた、もうグロですよ。

年齢といえば近ごろはアメリカ流なのか、年寄りがへんに派手なものを着たがりますね。また売るほうも悪いんだ、こんなの地味ですよ、とか何とか言っておだてて赤いものを売る。そうしないとしくじっちゃうから。客のほうでも、おれは爺《じじ》いじゃないなんて言うからね。どちらも目が利かなくなってるんですよ。年齢に相応したもの、他人に不快な思いをさせないという精神がないとねえ。

それに「分《ぶん》」ってものがありましょ。それらしいなりがありますよ。職人は職人、旦那、サラリーマンはサラリーマン、それらしいなりをするのがいちばんいいんです。個性を生かす、とかなんとかいって浮き上がるような恰好してね、こういうのははたが迷惑だし、いい感じがいたしません。

ま、失礼だが、いまの若い人というのはなってませんね。自分さえよけりゃいいってんで、きたなかろうが、奇天烈だろうが構わない。一時はやったヒッピーなんて、音楽鳴らして出てくりゃ何のことはない、チンドン屋ですよ、真人間のすることじゃあありません。

こうしてみるとおしゃれってものも、なかなかむずかしいもんです。

あたくしどもは着物で育ってますが、うまく着るのは容易でない。子供の時からやってて、帯の位置が決まるのは三十近くならないとだめですからね。洋服なら少々変な身体つきでもそれに合わせて縫ってくれるから、着こなしだってわけはないが、着物はまっすぐですから。姿をよく見せるには着方だけですからね。芸人は概してうまいです。まずく着てれば、師匠やほかの人に見られて、

「何だい、その着ざまは」

なんて言われますから。それでもたまには、生涯、サマにならないものもいますがね。

あたくしなんぞは、人の目をまず考えて着物を選びますから、当人はこれでなかなかからくじゃない。夏は紗かなんかで涼し気に見せるわけですが、こういう透けるものには下にちゃんと白麻なり何なり着ますから、当人はちっとも涼しくない。それに白麻も近ごろはいいのが少なくなりましてね、質が悪いとつっぱらかっちゃってだめですよ。

冬は冬で、ふっくらとあったかそうで、しかも見た目にうっとうしくないようにと気を使います。

とはいうものの、あの噺にはこんな着物、この噺にはこれ、と考えるのはじつに楽しいもんでして、新しいものが出来てくると早くそれを着たくって……。

こういう気持は、女でも男でも同《おんな》じなんですねえ。

あたくしの朝食

あたくしの朝食といっても、格別になんの変わったこともありませんで、ごく平凡な、味噌汁にめしに漬物ぐらいです。近頃はパン食が多いように聞いていますが、あたくしはパンはいやですね。米を食うことがいけないと一部の人に言われているが、あたくしは不思議に思うんですよ。いままで長年米食をしてきた者が、どうして米を食べていけないのか。パン食にしてから、近ごろの子供はヒョロヒョロしたものが多くなり、体格的にも向上していないと聞きますが、あたくしはやはり昔どおり、朝はめしに味噌汁というのがよいと思います。

あたくしは寒暑にかかわらず、朝食はたくさん食べます。

芸人はだいたい、朝食はいやがる者が多いですね。夜ふかしをして、寝る前に何か食べて寝るので、したがって朝食はまずいというんでしょうが、あたくしは二食ですから、朝は腹一杯食べて、夕方五時頃に夜食をいたします。その代わり、夜の十一時、十二時に寝るときは何もいただきません。酒を飲むときにはごく軽いもので、お腹にたまらぬものを食べることもありますが、したがって朝は腹が減るというわけです。

また、朝から魚を食べたり肉を食べたりする人がありますが、いやですね。朝食にさしみを好んで食う人などは昔から怠け者といわれているんです。あたくしなら、ま、せいぜい干物ぐらいでしょう。

野菜はいいですね。大根おろし、納豆、海苔、卵、とろろ芋……ただし、くさやの干物は朝でも食べます。

いまの若い女性は無精で、めしを炊くことをいやがり、ぬかみそを嫌う。日本人がぬかみそを食わなくなるようでは、もうだめです。

失礼ながら、日本人はどうもおっちょこちょいな人が多いですね。むやみに毛唐の真似をしたがりますが、われわれはどこまでいっても日本人なんですからやはり、めしを食い、味噌汁を吸い、ぬかみそ漬を食べて、しっかりした日本人になるべきだと思うんですが……あたくしは、日本人の凝似毛唐は大きらいですな。

あたくしのぜいたく

いろんな品物を、三品《みしな》、五品《いつしな》、とりそろえないと食えないなんて人がおりますね。

また一方では、悪い物でもうまく料理して、それを食うのをぜいたくだとする人もいて、その人、その人によって、ぜいたくも解釈が違うもんだと思います。

あたくしのぜいたくというのは、山葵《わさび》。あれは本物の山葵でないといけません。粉わさび――あれは、ただからいだけで、香りというものがない。よけい入れると、今度は苦味が出てくる。本物なら、よけい入れたっていやなところはありません。

昔、寿司屋は、絶対に粉わさびなんぞ使わなかったものですが、いまじゃ、ひどいところは混ぜて使ってますよ。そういうのは、あたくしは大きらいです。

それから、合成酒ってのもきらいですね。一口飲む。上あごに、パッと酒がぶつかるときにプーンと、特有の匂いがする。あれがいやなんです。あたくしは、どういうもんだか、そういうものに敏感でして、とても耐えられない。

と言って、なにがなくちゃ食べられないというぜいたくは決して言いません。その代わり、悪いものは食べない。食べるのなら、そのときは金を出してもいいものを食べる。食えなかったら沢庵でもいい。しかしね、ただ輪切りにして、デーンと皿にのせるんじゃいけない。刻んで塩出しをして、かつぶしをかけて……。第一、かつぶしというと、いまは削り節を使いますが、あれじゃかつぶしの味がありません。

あたくしは使ったことがない。食べるたびにかきます。そのかき方でもコツがあるんですよ。いわば意固地なところもあるんですな。

これは、あたくしの悪い癖だかなにか知りませんが、まずくてもいいから本物でないと気に入らない。山葵、酒、かつぶし、みんなそうです。

芸もその通りで、特別うまい芸でなくてもいいんで、食いものでいえば、本場のものは場違いの匂いや味がしません。まずいのは素直にまずい。

芸も、粉わさびの芸はあたくしは大きらいです。

知らない料理

料理ではあたくしどもが知らないものもたくさんありましてね。日本料理は、食べ方がわからないということも少ないのですが、洋食なぞは、昔はずいぶん困ったこともありました。

落語界では、当時新しいことも知っていて、物知りだといわれていたのが柳一という人でした。奇術や皿まわしを得意としていましてね。

この人が、あるとき、上野の精養軒で行われた落語家の改名披露宴に出席したんです。

まず第一にパンが出てきて、次に運ばれてきたのが丸い銀の容器で、中に黄色い玉が入っている。誰もこれをバターと知らないので、隣席にいた男が、

「おじさん、この玉は何です」

と聞くと、柳一、即座に、

「これは食うんだよ」

「どうやって食べるんです」

「べつにどうてえことはないよ。こうして食うんだ」

と言って、いきなりつまんで口へ入れたが、そのときの不思議な顔といったら……。

あとで聞いたら、西洋のあめ玉と間違えたんだそうで、これが落語界の物知り先生だからおどろいたものです。

まだ洋食が一般に知られていない時代でしたから仕方がないとして、日本人が日本料理を知らないのは、これは恥ずかしいものです。

ある会席料理で、四角のままの豆腐が出てきたので、これはちぎって食べるのだと思って、またあいにくとそばに醤油があったのでそれをつけて食べると、隣りの人がぷっと吹き出した。聞いてみたら、これは食べるのではなく、箸を清めるために出したものなんですね。豆腐へ箸を突きさして洗うわけですから、それを食べては笑われるのは当然。これなんぞ、知らない者はやりそうなことですよ。

これに似たような話ですが、昔、ある落語家が、さるお座敷へ招かれまして、女中さんに案内されて、十畳ばかりのお座敷へ通されました。

ちょうど夏のことで、お茶やお菓子がはこばれたので、これを頂いたり、お庭を拝見している。やがてのこと、女中さんが、盆の上に西瓜の切ったのをのせて持って来ましたが、次の間の六畳のほうへ置いて行ってしまいました。

(ははア、これはなにか急に思い出した用事があってあすこへ置いて行ったのだろう。ここまで持ってくる間がなかったに違いない。のどはかわいているし、好きなものだから頂戴しよう)

と自分で立って、お盆ごと持ってきて、むしゃむしゃ食べはじめた。

するとそこへ女中さんが入って来て、この光景を見るとおどろいた顔で目を丸くしていたんですが、やがて笑い出し、はてはそこへつっぷして、腹をかかえて笑っているので、今度は噺家のほうでびっくりした。どうしたのですと聞いてもまだ笑っている。

そのうち、やっと笑いがおさまって言うには、

「その西瓜は、召し上がるのではございません」

「ではどうするんです」

と聞くと、蝿がいるので西瓜を出して、それにたからせておく……つまり蝿除けの西瓜だったんですね。それを食べたから笑われたというわけで、これなぞは料理ではありませんがむずかしいものでございます。

うまいもの

うまいものを食いたい、とよく言うことですが、一体、何がうまいものでしょうか。これは時と場合、年齢などで変わってきますね。以前に、食べてみてうまいと思ったのに、今度食べてみると、ちっともうまくないということがよくあるものです。

震災のときに、四谷見附のところで、避難民へ玄米のおむすびと、茄子の塩押しを一つずつくれたのを、もらって食べたときのその茄子のうまいことといったら……。どうもその味が忘れられなくて、あるとき、家で「茄子の塩押しを作ってくれ」と言ったら、「そんなものはうまくない」と言う。

しかし、無理に作らせて食べてみたんですが、なるほどうまくないんですな。あれは、腹の減っているときに、往来でにぎりめしをほうばりながら食べたからうまかったので、人間の味覚もあてにならないと思いました。だからその時と状態によって、たいへんにうまく感じたり、まずく感じたりする。

昔、五代目尾上菊五郎という人が、自分の弟子の家へ火事見舞いに行った。弟子は喜んで、「よくお見舞い下さいましてありがとうございます」と、早速お酒を徳利へ入れ、燗をして、「さあ、召し上がって下さいませ」とお猪口をさしたら、「おい、冗談じゃねえやな。火事場へ来て、猪口で酒が飲めるかい」「へぇ……じゃあ、どうしたらよろしゅうございます？」「きまってらあな。茶碗へ冷酒を注いで、沢庵のこうこをつまんで飲まなきゃ、火事場の気分になれねえじゃねえか」と言った話がある。

これはもっともなことで、あわただしい場所で、猪口で酒を飲んでもうまくない。片手で沢庵をつまみながら飲むからうまいので……。

ことに、日本料理は器で料理を生かすといいますが、世界で日本ぐらいいろいろな器を使う国は他にあるまいと思います。味わうだけでなく目で楽しむという、まことにぜいたくなことですが、そこが日本人独得の趣味の高いところなんでしょうね。

しかし、長く印象に残って「あれはうまかった」というものはそう沢山はありません。なぜなら、同じ品物でいながら味が違うんですからね。今日食べてうまいと思って、翌日食べるともう味が違っている。魚、野菜、いずれもとれたてがいちばんうまく、そのあと刻々と味が変わっていくのは当然のことなんでしょうが、しかし、新鮮なものが何でもうまいとは言い切れません。

時間がたっていくうちに、何ともいえず味が変化してゆくものがあるものです。それへちょうどうまくぶつかったときが、いちばんうまいので、メロンなどは早くても遅くてもだめで、本当にうまいと思うのはごく短い間です。ですから注文通りにそれに出会うのはむずかしいですね。

また、年齢により嗜好物も変わるもので、若いうちはたいていこってりしたものを好み、それが年とともに淡泊なものに移っていくものです。それに若いうちは質より量で、沢山食べないと物足りない。それが年齢をとると少ししか入りませんから、自然に、ごくよいものをほんの少々食べたくなるんですね。だから他人にご馳走するのもむずかしいもので、先ずその人の年齢にあてはまるよう考えるべきでしょうね。

ところが近ごろは、何事もオートメーションで、女の化粧も、料理も、おしなべて一様になってきました。しかし、個性のないものはどうしても魅力がありませんな。機械化していくから、料理なんぞどれもこれも味が同じになってくる。だからうまいものが少ないんですな。米国などはどこへ行っても同じ味で、一定しているからうまくないとされています。まあ、寸分違わぬものを、ずっと続けて出されたらそりゃ耐えられませんよ。だから家庭料理のよさは、甘かったり辛かったり、水っぽかったり、そのたびに味が変わるところが値打ちでしょうね。

いまの若い人は、デパートの出来ている食品を買って食べておりますが、知らないとはいいながらよくまあ、やっていると思います。みずから手がけて苦心して作り、それがうまく出来て食べたときの嬉しさや、うまさ、それが家庭料理というもんだと思いますがね。若い人たちがやたらに無精になって、料理の味に鈍感になってきたのには困ったものですな。

郷土恋味

正月といえばおせち料理。しかし、最近はデパートでできあいのものを買う人が多いようですね。昔は、暮れからいろいろ準備して家で作りましたからね、その家その家の味がありましたよ。

おとそにしろ、おせちにしろ、それじたいは特別うまいもんじゃない。だけど一品や二品、どこの家でも自慢のものがありました。

そういう家の味というのは、母親から娘へ、姑から嫁へ、時間をかけて、体験を通して伝えられたものでした。長い間、くり返しくり返しやって行くうちに、やり方から味まで、からだでおぼえていったもんです。こういうのは、頭の中で考えたってわかるもんじゃない。始終こしらえている人に教わって、数をこなしていくうちにわかっていくもんですよ。それをいまの人は、無精してやらない。みんな同じものを買って来て、同じような味のものを食べているわけですから食べる面白味なんてありゃしません。

料理ひとつ、味ひとつにしたって、それをおぼえていくというのはたいへんなことなんです。ただ、ぼやっとして見てりゃいいというもんじゃない。心を配って、気をとめて身につけていかなければ自分のものにはなりません。

昔の料理職人の修業というのは、そりゃたいへんなものでした。むろん、味つけなんぞ教えてもらえません。鍋の底にくっついたのを、そっと舐《な》めてはおぼえるんですが、見つかると怒られる。味を「盗んだ」ってね。だからって何もしないでいりゃ、作ってみろといわれたとき出来ませんからね、また怒られる。ぼんやりしていちゃ、やれませんやね。

あたくしは、外でももちろんうまいものを食いますよ。天ぷらやうなぎなんてものは玄人でなきゃしようがない。

ただ、ふだんのものを、自分に合った味で食えるのは家だけですからね。ごちゃごちゃ言わなくても、長い間にできた自分の、いちばんうまいと思う味が出てきますから、だからあたくしは、うまいときは大いにほめます。そうすれば作るほうだって励みになりますからね。

あたくしの家の味で最たるものは、漬物でしょうな。どこの土地でもそこでなければできない漬物ってものがあります。どんなものでも、漬物はくせがありますから、はじめはとても食べられたもんじゃないが、食べつければこんなにうまいものはありません。

昔は、ぬかみそを腐らせると、その家に変事が起こるってんでいやがったもんですが、あればまめに、かきまぜていりゃ腐らないんですよ。このごろの若い人は、ぬかみそをいやがりますが、あれは、じつに微妙なもので、人との相性があるんですな。ぬかみそと相性の悪い者が手を入れると、うまくならない。これは本当の話です。

外でうまいものを食べても、最後に出てくる漬物でがっかりするてえことがあります。食べるタイミングがあるんですな、ぬかみそてえのは。あたくしは、家じゃ食事の中ごろになって出させるんです。

洗ったばかりの、色つやのいいところを最後に食べる。人はぜいたくだなんていいますがね、最高にうまい状態で食べる——あたくしはこれが当たり前だと思っています。

同じ食べるならその品物を生かしてつかうことですね。

そば

東京のそば屋さんでも、この頃はほとんどおつゆが甘くて、うすくなりましてね、あれ聞きましたら、本当は煮つめるんだそうです。したがって辛いし、濃い。今それを使っておりますのは、浅草雷門前の「やぶ」で、その伜が上野の仲通りに支店を出しております。ここはこうしたおつゆを使っている。

あたくしたちの子供のころ、寄席で初日と千秋楽にはおそばを出したものです。それで食べろっていうから、そばをつゆの中へつけると、そんなどじな食べ方はしちゃいけねえって小言をいわれるんです。そばというものはおつゆにちょっとつけて、スウッと食わなくちゃいけないんだという。どうして食べようと大きなお世話じゃないか、なにしろ子供だからおつゆをつけて食べたいけど、そうするとみんなうるさいんですよ。

しかしそれが習慣になりますと、なるほど、おそばというものはおつゆが濃いとつけられない。全部つっこんじゃうと辛くなっちゃう。だから半分か三分の一くらいつけましてね、ツーッと食べる。そうすると、つかったところのおつゆが一緒にあがる、そしてつからないところにおつゆがついてちょうど良くなるんです。

いつでしたか、漫才のリーガル千太、万吉が、浅草の「やぶ」へ行ったら、お爺さんが来て食べている。畳のところへ座っていて、持ってきたそばをすうッと食べる、そのかたちのいいったらなかったねというんです。じゃ播磨屋じゃなかったのかというと、そういや何だか似てたようだという。聞いたらやっぱりそうなんですね。亡くなった吉右衛門さんは、そばが好きで、よくやぶへ行ってたんです。

あとで二人がよく言ってました、そのかたちの良さが目に浮かぶってね。

ふぐ

酒飲みのぜいたくの行きづまりはふぐといいますが、しかし、あんなアブラッこい魚はありませんね。ふぐを鍋で炊いて食べたんですが、そのまんま置いて、あくる日みると真っ白けに固まっちゃってる。ところがまだふぐが残ってるってんで、また火にかけると、すうっと元通りになるんです。それでふぐにアブラがあるということを初めて知りました。

ふぐ料理の仲居さんの話では、店で着ている着物は、外へ着て出られないんだそうです。ものすごく匂いがつくんだそうで、だけど、食べているときは匂いなんてまるっきり感じませんね。

ふぐを食べて寝ると冷え性のものはよくわかります。その晩はなんだか、ぽかぽかと体が暖かいんですよ。

それにふぐは、食べると骨がゆるむそうですね。だからお相撲さんなどがよく用いるそうで、つまり、緊張しているところを柔らげてくれるんでしょうね。

ふぐはプウーと腹をふくらませるが、どうしてだろうって聞きましたが、敵を威かくするためだか、怒ってふくらますんだか、本当のところはよくわからないっていってました。しかし、ほかの魚なんか横っ面をはり倒されたって、顔色一つ変えないのに、ふぐは何か面白くないことがあると怒ってプウーとふくれる。誰かさんとよく似ていませんか。しかも眼まで動かしてにらむってんですから。

ふぐのことを、江戸では「鉄砲」、下総、銚子附近では「トミ」といっておりました。トミ、は富くじのトミで、どちらも、たまには当たるという洒落だったらしいですね。

ふぐの種類もずいぶん沢山あるそうで、虎ふぐ、真ふぐ、しょうさい、鹿の子ふぐ、赤目ふぐ、鮫ふぐ、鯖ふぐ、はこふぐ、縞ふぐ、雀ふぐ、簑かけふぐ、針ふぐ……。

これだけあっても、やはりいちばんうまいのは、虎ふぐだそうです。

くさや

この頃、くさやのいい干物がありませんな。本くさやってのはできないんですかね。あたくしなんか好きですからずいぶん気をつけてさがさせるんですがね。

ただ大阪の方はあれをたいへんいやがるんです。昔、大阪へくさやを持ってって食べようてんで焼いてたら、宿屋の女中がとんで来まして、ほかのお客さんからくさい、くさいって苦情がきました。どうしてもそれをお焼きになるんならお泊めいたしかねます、という。くさやで野宿するわけにもいかないから、何枚もの紙でぐるぐる巻きにして、床の間の隅におきましたがね。

くさやというのは鯵の干物をあのドロドロしたくさい樽の中へ漬けるんですね。そしてこれを干す。いいやつはまた漬けて干す。そうすると汁が中まですっかり浸み込んでこれが本当のくさやになるんです。ところが今は、そんなことをして中へつっこむと、みんなこのタレを吸っちゃうもんだから、干物の上からはけで塗るだけなんです。昔はかならずつっこんだそうですが、そうするとどんどん減ってあとがない。これは、娘がお嫁に行くとき幾樽かつけてやる、持参金みたいなもんで、そのくらい尊いものなんです。

ある人が、くさやを食べると体じゅう臭くなりませんかっていいましたがね、冗談じゃない、あれを食べて、ああいう匂いがしたんでは人が寄りつきません。

くさやの旬《しゅん》というのは鰺の旬ですから、まあやっぱり夏のかかりから、秋にかけてでしょうか。安いのですと鯖ですね。これはあまりおいしくありません。どういうわけですか、くさやは魚市場に出ないで魚屋さんが持ってくるんです。神田に立花《たちばな》という寄席《よせ》がありまして、そこへ魚屋が百枚とか二百枚とか持ってくると、おい待ってくれってんで、ほうぼうへ電話をかける。すると、あちこちから、十枚、二十枚とっといてくれと頼まれる。もちろん戦争前の安い時分のことですが、一枚七十銭ぐらいとるんです。高い時は一円もしました。普通の干物ですと五枚で十五銭か二十銭でしたから、いかに大きくてうまいというものでも鰺の干物一枚で七十銭とか一円というと恐ろしく高いもんでした。

これが初めはくさいと思いますがね、そのうちにいい匂いになってくる。本当のところ、はじめはあまりいい心持ちでは食べませんでした。くさやでも、塩辛でも、それから納豆でも、初めからうまいって食べた人は少ないんじゃないかと思います。納豆なんかでもぷんといやな匂いがするでしょう。だけども慣れればおいしいものです。くさやの干物でもなれれば、ほかの干物と全然ちがいますね、かみしめて味がなんともいえないんです。江戸っ子はくさやが好きですが、それでも初めっからいい匂いと思ってたわけじゃないでしょう。江戸っ子だから食わなきゃみっともない、てなところから初めは食うんですな。そのうちに、ああいい匂いだ、これはいいくさやだ、本くさやだ、なんて喜ぶようになるんですね。あたくしも好きですが、うちの猫がまた好きなんですよ。くさやを買ってくるといちはやく匂いを嗅ぎつけて、ニャゴニャゴ、ニャゴニャゴ、うるさくてしようがない。

さんま

さんまは、昔は下司魚といいましてね、身分のある人は食べなかったものです。鰯も同じで、どうしてかというに、つまり脂が強いし、匂いもある、自然とそういうことになったんでしょうが、あれだけはね、お座敷で焼くもんじゃありません、台所で焼いても、煙がひろがってどうにもならない。

いちばんいいのは、路地の中ですね。表へコンロを持ち出して焼くと、煙は、すうっと空へ上がっていってしまいますから被害をこうむらない。理想的な焼き方は、せまい路地にかぎる。だからといって、生涯せまい路地にいるようなこっては出世はおぼつかず、そこが困る問題です。

だから、考えてみると、さんまという代物は現代のような、アパートやマンションには向かない魚だと思いますね。密集した建物で焼かれた日にゃ、そりゃあはた迷惑ですよ。だから、さんまのために団結して、緑地帯とともに路地をふやす運動をする……そうもゆかないかなァ。

あたくしども落語家連中で、川柳会をやったことがありました。同人は文楽、柳枝、三木助、小勝、円歌、正楽、志ん生、円蔵、馬生、小さん、あたくしと十一人でしたが、あるとき、「秋刀魚」という題で、各自句作をしたのが手元にありましたのでお目にかけましょう。

それぞれにその人、その人の心が出ておりまして面白いと思います。

腹わたを捨ててさんまに見限られ
煮てみればさんまの姿あわれなり
――志ん生

忍術の煙の型でさんま焼け
目黒から殿はさんまを取りよせる
連日に及んでさんま膳にいる
それ以来目黒の魚屋出入りする
――円蔵

夜遊びは冷えたさんまで飯を食い
　　　　　　　　　　　――小さん
弁当のさんまは哀れ飯にのり
さんまの子ちゃんとさんまの顔かたち
　　　　　　　　　　　――小勝
ニコヨンの長屋さんまで活気づき
目黒では不動さんまにくわれてい
鯛なんかなどとさんまを食っている
さんま焼く煙と蚊やり替り合い
台風をいつもさんまはつれてくる
　　　　　　　　　　　――正楽
さんま焼く煙障子の破れより
　　　　　　　　　　　――馬生
さんまから殿は目黒に行きたがり
立膝でさんま焼くのも風情なり
　　　　　　　　　　　――円生

以上ですが、文楽、柳枝、三木助、円歌の四人の句がないところをみると、たぶん欠席していたんでしょう。句の中にもたびたび出てまいりますが、さんまの噺といえばやはり、『目黒のさんま』に限りますな。

あたくしの酔いかた

ウイスキーてえとやっぱり、水はミネラルに限りますな。これでいただかないとくさくていけません。

あたくしは生《き》で飲むんです。水で割っちゃあね、せっかくのウイスキーが勿体ないような気がしましてね。まず、チューッと一口、そして、ホーッと息をはき、今度は水を口にふくんで、てな具合です。

年齢《とし》ですからね、あんまり沢山は飲みません。もちろん、街へ出て飲むなんてことはいたしません。落語じゃありませんが、家で『一人酒盛』ってわけです。ウイスキーの場合は、そうですねえ、ダブルのショットグラスに一杯、あるいは二杯飲みますと、いい気持になりましてね、寝ちゃいます。

そう、『一人酒盛』っていいますと、あるとき、放送局から頼まれまして、だいたい、これは二十五分ぐらいかかる噺なんですが、時間の関係で、十七、八分でやってほしいというんですよ。「ええ、よござんす」と、高座に上がりましてね。まず、湯呑み茶碗で、キューッと一杯。あれは五杯飲むんですが、二杯ぐらいまでは、あんまり酔わない。それが三杯となると、フワーッとまわってまいりまして、四杯、五杯では陶然となるわけですが、なにしろ時間を早めろってんで、グイグイ、飲むかっこうはするんですが、なかなか酔わない。なにかこう、ウソがあって、しっくりいかない。これには困りましたね。十八分で噺は終えましたが、ありゃあ、悪酔いでした。

それから肴には、甘味を抜いたチップやチョコレートなど。ウイスキーとチョコレートってのはなかなかオツなもんで具合のよろしいもんです。それに果物。これはエノケンさんにおそわりましてはじめたんですが、その中でもとくに白桃が具合がいい。それから、アレキサンダーなんてのも季節になると結構なものです。

あたくしがべつにハイカラってわけじゃないんですが、いちいち、酒の肴なんてなんかこう、わずらわしい。わずらわしいものは簡単にすませたいっていうんでしょうか、そういう気持なんですな。

マンションに住んでウイスキー……。

こういう生活をしているからといって、寄席までがハイカラになりゃいい、椅子席で劇場みたいになりゃいい、っていうんじゃないんですよ。逆にこういう世の中だからこそ、席は古いいいところを残さなくちゃいけないと思いますね。

たばこのけむり

六歳から高座に上がってはげんだ義太夫から落語に宗旨がえをしましたのが十歳のとき。やっと噺の真髄みたいなものがわかりかけてきたころ、先代に「のめのめ、のめのめ」と口うるさくすすめられて、たばこにはじめて手をつけましたのが、たしか十七のときだったでしょうか。

噺の中にも、ちょいちょい、キセルたばこが出てまいりますが、それをこう、扇子を使ってかたちにするんですが、やはり本当にたばこを吸わないってえとその感じがつかめない。その上、お百姓、職人、お店の旦那衆で、それぞれキセルの使いかたが違います。

ですから、かたちにばかり捉われてしまいますと、噺のほうがおろそかになる。しゃべりながら、無意識のうちによどみなく、手だけが流れるように動かなくちゃあ本物じゃない。その所作がお客さまにとって噺の邪魔にならず、型にはまるまでには、十年はかかりましょうか。

刻みたばこの味は炭火がいちばん。ライター、マッチのご時世では、あたくしどもでも紙巻きをのむように仕向けられてしまいますね。

ですから、若い噺家は扇子が上手にキセルに使えないということになるんですな。

それはさておき、朝起きて、大ぶりのコップで根コブを入れた水を一杯飲んだあとのたばこのうまいこと。何でも量さえ多ければいいってもんじゃなし、一服一服を楽しみながら喫《や》るのが、本当の愛煙家ってえもんでしょう。

酒はよせるが、煙草はなかなかよせないといいます。あたくしの知人が、

「君、今度こそ絶対に煙草をやめるんだ。これが最後の一本だ」

ってんで、紫の煙をさも名残り惜しそうに吹かしている。

一時間ほどしましてまた顔を合わせますと、当人すましてプカプカ喫《や》っているんで、

「なんだい、もうやめたんじゃないのか」

ってえと、

「いや、これが本当に最後の一本なんだ」

ってんです。

それからひと月ほどして、あたくしをたずねて来ましたが、早速煙草を吸い始めるんで、

「やっぱり、だめだったのか」

と言うと、

「いや、これが最後。もうやめるよ」

と言う。

「なんだい、これが最後の一本、最後の一本って、やめられないんなら、そんなことを言うな」

って言うと、

「いや、もうこれが最後の一本だと思うと、じつに格別な味でね」

P+D BOOKS ラインアップ

おバカさん　遠藤周作　●純なナポレオンの末裔が珍事を巻き起こす

焰の中　吉行淳之介　●青春＝戦時下だった吉行の半自伝的小説

親鸞 1 叡山の巻　丹羽文雄　●浄土真宗の創始者・親鸞。苦難の生涯を描く

天を突く石像　笹沢左保　●汚職と政治が巡る渾身の社会派ミステリー

浮世に言い忘れたこと　三遊亭圓生　●昭和の名人が語る、落語版「花伝書」

居酒屋兆治　山口 瞳　●高倉健主演作原作、居酒屋に集う人間愛憎劇

小説 葛飾北斎（上）　小島政二郎　●北斎の生涯を描いた時代ロマン小説の傑作

小説 葛飾北斎（下）　小島政二郎　●老境に向かう北斎の葛藤を描く

（お断り）

本書は１９８５年に旺文社より発刊された文庫を底本としております。
あきらかに間違いと思われるものについては訂正いたしましたが、
基本的には底本にしたがっております。
また、底本にある人種・身分・職業・身体等に関する表現で、現在からみれば、
不当、不適切と思われる箇所がありますが、著者に差別的意図のないこと、
時代背景と作品価値とを鑑み、著者が故人でもあるため、原文のままにしております。

P+D BOOKS

ピー プラス ディー ブックス

P+Dとはペーパーバックとデジタルの略称です。
後世に受け継がれるべき名作でありながら、現在入手困難となっている作品を、
B6判ペーパーバック書籍と電子書籍で、同時かつ同価格にて発売・発信する、
小学館のまったく新しいスタイルのブックレーベルです。

浮世に言い忘れたこと

2015年5月25日　初版第1刷発行
2024年8月7日　第7刷発行

著者　三遊亭圓生

発行人　五十嵐佳世
発行所　株式会社　小学館
〒101-8001
東京都千代田区一ツ橋2-3-1
電話　編集　03-3230-9355
販売　03-5281-3555
印刷所　大日本印刷株式会社
製本所　大日本印刷株式会社
装丁　おおうちおさむ（ナノナノグラフィックス）

ISBN978-4-09-352204-5

P+D BOOKS